U0031157

帶你玩遍
TRUE ALASKA
阿拉斯加

闖入未開發的荒野大地
壯麗風光、自然生態盡收眼底

靈熊、棕熊、北極熊，海鸚、海瀨⋯⋯讓你一次看個夠
征服魔鬼公路、闖進熊的國度、捕捉消失中的冰川，體驗永晝子夜陽光。

身歷其境 阿拉斯加

駱崇賢（中華攝影雜誌社社長）

國家地理雜誌總監David Griffin曾說，「攝影作品具有一種力量，可以讓我們在媒體資訊氾濫的世界裡，把持住自己，為我們心靈裡某個重要的時刻留下珍貴記憶。」這個年代旅遊少不了攝影，相機似乎已取代紙筆，在旅途中紀錄每條走過的路和看到的美景。

兩位作者因愛好攝影，移民加拿大後，多次進入阿拉斯加。這塊被喻為美國最後的邊疆，是美國最大的一州，有豐富的天然資源，也有許多野生動物，這片土地常被列為人一生一世必去的地方。兩位作者以相機紀錄當地相當多的資訊和故事，整本書以照片呈現。無論是壯麗的冰川、國家公園、野生動物、人文歷史，這些照片彷彿帶著讀者一起去旅行，有如親臨現場，親自體驗阿拉斯加。

不只為了美景，更為了找尋大自然

猶記得5年前我們移居加拿大溫哥華，便被阿拉斯加這塊未被開發的神秘大地吸引，旋即積極籌畫北上，滿足心中的好奇。後來，我們一次又一次地踏上阿拉斯加，不只是為了追求某個動人故事的原委、或是追尋心底那幅美麗的圖畫，更多是為了找尋大自然、和完成探索北國的夢想，所以數次到訪阿拉斯加！

第一次和大多數人一樣，乘坐郵輪，去過那三個邊陲小鎮，聽過差利卓別林那淘金熱的陳年往事，也體會過冰河灣的壯麗風光。

接下來自行駕車，從溫哥華一路北上，沿著阿拉斯加公路一共走了4千公里來到安格列治，然後天南地北的訪了阿拉斯加每一處景點，意外發現位於基奈半島上的荷馬和基奈灣國家公園，欣賞海洋生物、觀鳥和賞覽冰川比冰河灣更勝一籌；在聖伊利亞斯山脈西麓有一個曾經是世界最大的堅尼閣銅礦場，最後被大投資家J.P.摩根「始亂終棄」！我們在迪納利國家公園尋找過「五個巨頭」(5種迪納利常見野生動物)，也在費爾班克斯苦等過北極光；最後在通往北極海那坑坑洞洞的Dalton公路完成穿越阿拉斯加大陸的夢想。

第三次則是搭飛機，目標是北美洲最北端的小鎮巴羅，到北冰洋洗腳趾，也去體驗那永晝的子夜陽光；為了北極熊和一種極為罕有的白色靈熊，我們去過北極熊的棲息地和完全未開發的大熊雨林；還有，為了捕捉棕熊站在瀑布上等著吃魚的經典鏡頭，還不惜花費巨資去了兩趟卡特邁。

或許有人認為這是一本旅遊工具書，或是攝影集？而我倆則設定為「阿拉斯加旅遊攝影指南」，翔實記載地毯式的行程，清楚呈現阿拉斯加的每一條主要道路，重要的是，這本書耗資百萬台幣旅費，整理了近三百張精采照片，未曾錯過每一個值得欣賞的景色，絕對讓您大開眼界，發出對大自然的驚嘆！

本書蒙溫哥華明報前執行總編輯、溫哥華星島日報前總編輯董金先生悉心潤飾，董總編認真校對文字如同出於自己的文筆；我們的攝影創作與影像處理老師——中華攝影社社長駱崇賢老師賜序，深情致謝！感謝時報文化出版社編輯，將我們旅行片片段段的記憶滙成文字，化作永恆！

CONTENTS

目錄

Chapter. 01

親臨 Katmai，
看熊抓魚的經典畫面

阿拉斯加旅遊雜誌和傳單上時常看到一張經典照片，是幾隻大棕熊圍在瀑布周圍抓鮭魚，《世界地理雜誌》亦曾經用此一鏡頭介紹這個地方。這個瀑布叫做布魯克斯瀑布（Brooks Falls）。

1988 年，當就讀生物學的托馬斯·麥格森（Thomas D.Mangelsen）在 Brooks Falls 拍到棕熊輕移頭部、闔上下巴咬住鮭魚前那瞬間的鏡頭，立刻被譽為「當代自然攝影大師」。

鮭魚在哪裡出生，就會回到哪裡完成他生命最後一個任務。每年夏天，鮭魚開始從白令海的 Bristol 灣經由納克奈克（Naknek）河游往 Naknek 湖再游上 Brooks 河，有些鮭魚只游到 Brooks 河就產卵了，有些跳過 Brooks Falls 游到 Brooks 湖或更上游的河流產卵。因為大量鮭魚固定時間會到這裡來，熊和釣客也跟著來了。布魯克斯瀑布（Brooks Falls）位於卡特邁（Katmai）國家公園裡，到卡特邁沒有公路，祇可以坐小型水上飛機。

1 — 1

BROOKS FALLS初體驗，與熊狹路相遇

去瀑布途中要穿過一個森林，走進一條森林步道，這是卡特邁最驚心動魄的一段路，大熊經常會出現在步道上，如果情況不妙非得逃跑，那你必須跑得比別人還快，因為人類是絕對跑不贏棕熊的。

從安格列治飛往King Salmon（白鮭村）的飛機很小，祇有10來個座位，登機前不但要秤行李，還要秤體重，然後依體重安排座位；從King Salmon再往Brooks Camp那一段，飛機更小，祇有3或5個乘客座位，這是我生平第一次搭水上飛機，嬌小身材的還有機會被安排坐在機長旁邊當副駕駛呢！King Salmon已經很靠近Bristol灣，是小飛機飛往白令海邊其他村落的中繼站。水上飛機飛得不高也不快，沿途可以慢慢欣賞Naknek湖。

來到熊的地盤，先得上課

飛機還沒降落，從窗外看到一

Brooks Camp。

隻棕熊在岸邊就讓我們興奮不已，大家想側身過來看卻讓小飛機輕輕搖晃了一下，引起一場虛驚。抵達營區後所有人都先得上20分鐘「與熊相處和園區規範」一堂課，上完課拿到一面徽章，才可以進入園區遊玩。

畢竟這裡是棕熊的地盤，棕熊在這裡有優先權，所以遊客必須禮

讓。例如，棕熊如果在河裡捉魚，我們就不能過橋，要等到牠吃飽為止；如果棕熊在路邊睡覺，那條路就暫時關閉，直到棕熊睡醒離開；與熊永遠要保持最少50公尺的距離，除此之外，課程裡最重要的是教大家碰到棕熊如何應變。

原則上，防熊器是不能帶入園區的；任何人也不可以帶食物進入區內，只可以在餐廳和露營區內被規劃的區域用餐，包括露營者；所有的食物必須集中放在一間儲藏室裡，儲藏室裡面有一排一排的架

這裡是熊的地盤。

進入園區要先上課。

成年棕熊一天可吃三十條魚。

子，沒有鎖，沒有保險箱，在這個荒野大自然裡，人們找回了最寶貴的資產，就是彼此信任。園區裡嚴格禁止進食，除了水以外，連喉糖、口香糖都不可以吃，因為熊的嗅覺非常靈敏，只要有人帶著食物進入園區，就很容易被攻擊。

卡特邁園區裡的園管員（Rangers）相當多，有些是定點在路口觀察是否有熊出沒，有些到處巡邏提醒大家要注意安全，棕熊雖然長得可愛，但畢竟是隻猛獸，園管員可不希望看到如電影《神鬼獵人》情節，獵人被熊攻擊的事情發生。

在北美，只要這一隻熊攻擊過人類，嘗過人肉味道，就是一隻犯法有罪的熊，執法單位一定會處死牠。聽起來有點奇怪嗎？我不知道卡特邁是否用同樣準則管理，但這樣的管理方式存在一種矛盾，世界地理雜誌曾經這樣懷疑：

「野生動物應否遵守人類的規則」（Wilderness contained, nature under management, wild animals obliged to abide by human rules—it's the paradox of the cultivated wild.)

David Quammen, National Geographic, Issue May 2016

Katmailand 早於公園成立，卡特邁被獨攬經營

看看有沒有危險！

大熊太近需要封路，稱為：熊堵（bear jam）。

卡特邁是世界上觀賞棕熊吃魚首屈一指的地方，但早期來的遊客都是為了釣魚，二戰後有一位名字叫Ray Petersen的飛行員首先在Bristol灣區建立了第一個釣魚營地，每年夏天從美國本土把遊客接來釣魚，開啟了阿拉斯加魚釣業(sportfishing)新的經營模式，被譽為「the modern Fly-out Fishing Lodge」之父。後來卡特邁國家公園成立，園內的所有旅遊服務就由Petersen成立的Katmailand旅遊公司獨攬，為了賞熊而來的人愈來愈多，訂位非常困難。Petersen先生才於2012年去世，享齡96歲，現在Katmailand公司由他的兒子Sonny經營，Sonny也是飛行員。

每年一月初，Brooks Lodge開放訂房，時段最佳七月份的房間當天就會全被秒殺，連露營區都很快客滿。因為暑假是阿拉斯加的旅遊旺季，有不少來自歐洲的旅客，也有很多人帶孩子來認識大自然，而且Brooks Lodge祇有16間木屋，每間可住4個人。我們訂了幾年都沒有訂到七月份的小木屋，只好住在King Salmon，經驗告訴我們，一張照片可能要等上幾天，停留時間越久機會越大，不然下次再來要多花一次旅費，所以我們就訂了最多天數的四天三夜行程，每天早上搭水上飛機進Brooks Camp，下午五點再出來。再多的天數也不成，承辦員說那會影響別人入園的機會。

來阿拉斯加看熊吃魚不袛有卡特邁國家公園，沿着阿留申半島下來還有Lake Clark、Becharof和Aniakchak等幾個國家公園，袛有在卡特邁的Brooks Falls，才可以看到「魚躍龍門被熊咬」那精彩的一幕。在卡特邁園內，Katmailand公司旗下還有Kulik Lodge和Grosvenor Lodge兩個釣魚營地，都不會像Brooks Lodge那麼熱門。

熊來了！熊來了！怎麼辦？

在營區聽完課後，我們急於出發前往賞熊，從營區走到瀑布約1.5公里，大約要走30分鐘左右，首先經過的是Brooks河大橋，這座約100米長的木橋，橋的兩端各有一道閘門，保護遊客在橋上不會遇上棕熊，在木橋對岸有一個平台，也算是一個瞭望臺，稱：下游平台。瞭望臺上視野極佳，風景很好，就看到很多隻大熊在河邊和在河上不慌不忙地在水裡邊走邊找魚，這個動作叫：浮潛（snorkeling）。

因為Brooks河是大熊的「高速公路」，瞭望臺上固定有園管員駐點

下游平台的風景很好。

9 月抓魚衹須浮潛 (snorkeling)。

監看，其他路段也有園管員巡視，萬一發現大熊太靠近木橋或人行步道，他們便會立刻以無線電聯絡，視需要封閉道路阻止遊客前進，直到大熊離開，警報解除，才讓木橋和步道恢復通行，他們稱為：熊堵 (bear jam)。有時候熊堵的時間很短暫，但有時候可能持續一兩個小時，園管員說有一次熊堵的時間太長，遊客還差點趕不上坐回程的飛機呢！

去瀑布途中要穿過一個森林，必須走進一條森林步道，這是卡特邁最驚心動魄的一段路，為了減少人為干擾，步道沿途沒有柵欄等設施分隔，大熊經常會出現在步道上，我們在路上不止看到樹幹上留有熊爪抓下樹皮新鮮的熊印，還有大熊剛剛走過叢林開出一條小路的路徑，所以進入森林步道最好是結伴同行，或者邊走邊說話，讓熊知道有人在附近，才不會被彼此嚇到；如果是一個人走可以邊走邊拍手，或背包上掛個很大聲的鈴鐺，

只要有發出聲音就行了。

如果前方真的看到有熊怎麼辦？找個高地站上去，若人多的話就大家站在一起，熊的視力不好，牠會以為前面有一個比較大的動物，就會轉彎離去；如果熊繼續往你的方向走，那得慢慢後退，離開牠的路徑，絕對不可以眼睛和熊對視，不然熊會覺得被威脅，事情可就大條了；也不能爬樹，大熊從小就在樹上長大的；如果情況不妙非得逃跑，那你必須跑得比別人還快，因為棕熊快跑時時速可達50公里，人類是絕對跑不贏棕熊的。

森林步道的盡頭有道架高的木道，門口也有一個閘門，走到這裡應該安全了。木道通往瀑布平台，就是觀看棕熊在瀑布上抓魚的地方。

7 月要跑要跳就比較累。

You'll be mine ！

1—2

九月份的棕熊圓滾滾、超可愛

假如你不追求為拍那張經典照片的話，九月份棕熊吃得圓圓滾滾，走起路來搖搖擺擺，煞是可愛！

卡特邁估計約有2200隻棕熊居住，不折不扣是一個熊比人多的國度，每年六月下旬，鮭魚就會洄流，一旦進入淡水河域，鮭魚就不再進食，所以祇有在七月份當鮭魚還是精力旺盛的時候，才有能力從Brooks河跳過1米多高的Brooks Falls回到Brooks湖產卵，這時候棕熊就集中在瀑布守候。八月份鮭魚分散在湖面各處交配，很少跳上瀑布，而且活動力強，熊不容易抓到魚；九月份是鮭魚洄游的末期，大部分會留在Naknek湖或Brooks河的下游，奄奄一息，棕熊就大多來到淺水的河邊「撿魚」(熊是很少吃死魚的)，很少去到Brooks Falls上游。

我們很幸運，第一次去卡特邁

King Salmon 是個飛機中轉站。

是九月份，拍到很多熊抓魚的精彩照片；也不幸運，去過才知道「魚躍龍門」是在七月份，無奈七月要再來卡特邁一次！

排隊等一小時，終於等到熊王咬到魚

七月中，每天一班一班的飛機把遊客載進來，大多數是一日遊，

也有不少攝影愛好者，跟我們一樣是為了拍那張熊抓魚的經典畫面。由於遊客太多，園管員必須限制瀑布平台上的人數和觀賞時間，看台上一次最多只能夠站40人，遊客要先登記排隊，喊到名字才可以入內，人多的時候要等上一個多小時呢！每人每次只能觀賞一小時，時間一到，就得讓位，再登記，再等候進場。園管員會認得每個人的衣著，若遊客看過了時間，他就會靠過來提醒你，請你離場。

我們在管制口的Riffles平台等候，在那裡可以遠遠看見瀑布，等了大約大半個小時，終於輪到我們。瀑布平台是一個高低順序三排伸向河面的觀景臺建築，前排不會擋住後排視線，每一排大約可以擠10來個人，背後有一排坐位可以坐下休息，不過大家都是站着，很少人會坐下來。祇見瀑布下方周圍有五、六隻大熊泡在水裡等魚上門，

老大講的話你有沒有聽！

你要這樣誘惑我嗎?

牠們都各佔據一個範圍,祇專注於水中動靜,突然中間那隻伸出熊掌,「嘩」的一聲把魚送到咀巴闊口咬住,其他的熊紛紛轉頭望牠一眼,牠則咬着魚兒退到岸邊大快朵頤去了。

在瀑布上方遠近不同的位置各站了一隻公熊,通常每一隻熊都有他常佔的地盤,愈兇猛、愈強壯的熊才可以佔到最佳位置,站在瀑布上方祇等魚來張口,比在瀑布下方要手嘴並用的確輕鬆得多。忽然,來了一隻體型較小的熊從樹林出來走近較遠的那一隻熊,牠們互吼雙方比試了一下,體型較小的那一隻就識相的走下瀑布另覓一個空位安頓下來。

在瀑布上方較近平台的那一隻毫無疑問就是熊中之王,你看到牠的背部和手臂都有打鬥受傷的傷痕,就知道這個位置得來不易,這位置,就是聚世人目光的位置。我們進來才沒多久,就看到熊王咬中一尾鮭魚得意地走回岸邊享用,但我們仍未進入狀況,故未把握得到這瞬間的一刻。隨着前排的人陸續離場,我們不費力氣便擠到前排的

瀑布平台。

很多熊！

很多魚。

有利位置，這位置離熊王的距離很近，大約衹有10來米，用300㎜長距離鏡頭肯定會爆框。不久，熊王吃完回來又站回牠的王位，沒有其他的熊來搶牠的位置，熊王咬魚的工夫實在普通，三番四次出嘴都被魚兒跑掉，這一次咬到了吧？哎吔！魚兒碰到熊王的咀巴又被彈開了，我們為熊王感到可惜，但一下子又替跑掉的魚兒感到慶幸。這次有了，魚兒從河裡跳上來，不偏不倚就送到熊王的咀巴裡，大家都鼓掌為熊王加油，而我感謝熊王和魚兒為我們表演這精彩的一幕！

後來熊王沒有再出來，當我們正要回去吃午飯時，看到熊王躺在木橋下呼呼大睡，而且還發出鼾聲如雷的打呼聲呢！

萬煙谷，感悟火山威力

我們運氣不錯，第一天就拍到想要的照片，之後兩天再也沒等到有棕熊在瀑布上抓鮭魚，所以第四天就參加了別的活動。在卡特邁除了釣魚、賞熊還可以參加公園裡的旅遊行程，Brooks Camp每天有巴士帶你進萬煙谷一日遊，了解地質和火山爆發威力，是一趟知性之旅。1912年Novarupta火山爆發，65平方公里鬱鬱蔥蔥的綠地被埋在厚度達200米的火山灰燼底下，數以千計的噴氣口持續噴出蒸氣達好幾年，故名：萬煙谷（Valley of Ten Thousand Smokes）。卡特邁國家公園橫亙著十八座活火山，是萬煙谷的所在地，原本也是為了保留這片火山爆發後的特殊景

觀而設。現在火山處於休眠階段，火山灰堆寸草不生，河流侵蝕火山灰堆形成眾多深峭的峽谷，園管員會帶你走下山谷親身體會火山爆發的威力和大自然的鬼斧神工，很值得參加。早上8點半在下游平台集合，不過要等待坐飛機進來的客人，好像從來都沒有準時出發過，但是回程一定準時，因為回來我們要趕回程飛機。

無論是在上游或下游，園管局都設有平台，讓遊客安全地欣賞棕熊各樣舉動。在平台上常常會遇到研究員，他們定時定地觀察、紀錄熊的行蹤。他們說每年大約有50～70隻棕熊到Brooks Falls抓魚，有一些熊每年會出現，研究員不用追蹤器，全靠牠的特徵便能辨別，他們並給予每隻熊一個代號，最有名、最好辨認的那隻大熊就是#410，名叫福頓（Forton），牠最愛就是坐在瀑布旁邊那塊陰涼的大石頭下等鮭魚自動游過來。Brooks Falls提供一本小冊子，裡面列有每個棕熊的代號、名字、特徵，和紀錄，難怪有些常客都喊得出熊的名字。園區還很體貼，在

吃飽睡覺，還會打呼呢！

萬煙谷被水流切割的斷谷很深。

瀑布和河邊都設有網路攝影機，大家可以輕輕鬆鬆坐在家裡，利用網路攝影機和小冊子，隨時關心熊況。

Webcam：http://www.nps.gov/katm/learn/photosmultimedia/brown-bear-salmon-cam-brooks-falls.htm。

小冊子：http://www.nps.gov/katm/learn/photosmultimedia/ebooks.htm。

熊媽媽和三隻小熊的故事，真實上演

以前所了解有關熊的知識，來到卡特邁全部要unlearn（重新學習），無論是園區裡的管理員或研究員都很樂意回答問題，我們就是在平台上等熊吃飽睡飽離開管制區的時候，向園管員學了許多。棕熊和灰熊原來是同一種類，祇不過灰熊依山、棕熊靠水，牠們都愛獨來獨往，除了交配期和帶小熊以外，平常都是獨自生活，祇有在魚多的

福頓最愛在那塊石頭下乘涼。

時候才會集中在一起。母熊通常是一月份生產，一胎最少一隻、最多四隻小熊，四、五月出來覓食。母熊會帶著小熊一直到兩歲才會把小熊趕走，另找男朋友。

媽媽熊帶小熊的期間最怕遇到公熊，因為公熊會打死小熊不讓牠們長大，但並非每個媽媽熊都很幸運可以將小熊帶大，我們曾看過一隻母熊帶著三隻小熊的故事：那年秋初，熊媽媽和三隻小熊原本悠游自在，無憂無慮生活在Brooks Camp西邊的森林裡，每天朝早熊媽媽都會固定地帶著三隻小熊走過沙灘來到Brooks河抓魚，熊媽媽還耐心地教三隻小熊學游泳，和抓魚的技巧，小熊要肯下水才有魚吃，有一天下午，一隻公熊在河口擋住了牠們回家的去路，熊媽媽慌忙叫小熊後退，以自己的身軀和比牠大一號的公熊對峙，可是前無去路，「後有追兵」，一位影友從後門「偷襲」，拿了相機走到河裡中在很近的距離偷拍小熊，熊媽媽急得瞻前顧後、前後為難，後來公熊和影友都走開了，危機才告解除。聽說在第二個春天，園管員祇有再看到熊媽媽，沒再看到兩隻較小的小熊，

熊媽媽趕走最後一隻寶貝而另覓對象，小熊只能自立自強。

我們這次也看到一隻被熊媽媽拋棄的小熊，牠瘦巴巴的孤伶伶地在河邊找魚，園管員說，他看到小熊昨天抓到一尾魚，那一餐可以讓他撐個幾天，暫時不用為牠擔心，就算再擔心，園區也不會去餵小熊，這裡有個原則，就是「不干預棕熊的一切(Let nature take its course)！」園管員如此說。

如果你問我哪個月份去卡特邁比較好？我會說：假如你不特意追求拍那張經典照片的話，九月份去也很好，比較有機會訂到營區裡的木屋，可以在公園裡住個兩天，在晨和昏最好的光線下賞熊；這時候秋高氣爽，大地都變得金黃，棕熊也較常常「光顧」營區。園管員說，九月份的棕熊吃得飽飽，比較溫和，到了十月魚變少了，脾氣就較暴躁。

在卡特邁，我們有過很多次與熊近距離接觸的經驗：有一次從木屋一推開房門，就一隻大熊站在門

這是寶媽和三個小寶的故事。

寶媽媽本來和三個小寶悠遊自在。

媽媽教室，寶媽教三個小寶抓魚。

媽媽教室，要下水才有魚吃。

有一日，前無去路，一隻公熊在門口阻擋。

後有追兵，一位影友在後門偷襲。

明修棧道，暗渡陳倉…….

再看到寶媽，沒再看到小寶！

下次小心一出門就見到大熊！

口，連忙關起門來差點被嚇壞了；有一次走在路間前後被兩隻熊包夾在中間，進退維谷，幸好有園管員適時前來解救，將熊趕走，虛驚一場；有一次看到一隻小熊去聞一位攝影師胸前的相機，我們看得都為他捏吧冷汗，就怕熊媽媽會跑過來發生意外；還有一次，我在森林步道剛剛關上木道閘門準備進去瀑布平台，便看到熊媽媽帶著兩隻小熊從閘門後方的樹林裡走出來，好在我在閘門的裡邊，不知道熊媽媽是不是好意，在樹林等我關上了門才出來呢？據說熊攻擊人類，多數是因為人類不當的舉止。來到卡特邁，有很多園管員巡邏，祇要應對得當，不用太過擔心，卡特邁的棕熊已適應跟人類相處。

九月份，棕熊大部分聚集在河的下游，較少到瀑布抓魚，這時候的棕熊吃得圓圓滾滾，走起路來搖搖擺擺，煞是可愛！棕熊每年從七月到九月大量捕食鮭魚，一天可以吃上十到三十條魚，因為鮭魚熱量很高，棕熊補足體力，十到十一月間天氣轉冷，就會到附近的山區挖個洞躲起來冬眠。熊在冬眠期體溫不會降得太低，每天仍會消耗一些卡洛里，直到隔年的春天出來時，體重已減少了三分之一，所以當我們第二次在七月再去卡特邁的時候，熊看起來沒有像九月那麼福泰。

卡特邁到九月中旬美國勞工節後，所有的工作人員和園管員都會解散離開，Brooks Camp隨着棕熊也一起進入冬眠期，直到翌年六月才再開放。

最近收到來自卡特邁公園管理局的問卷調查，問是否同意改變原有的規劃好讓更多遊客前來觀光。如果我問你，你會贊成嗎？右頁猛搖頭的棕熊似乎給了答案！

現在台灣也有一些旅行團是去卡特邁的，各位除了要知道去的月份，還有是不是當日來回到此一遊！才不會抱着太大期望，結果失望而回。

Chapter. 02

悠哉郵輪 奢華享受

賞鯨、豚，看魚、熊，一睹壯觀冰爆、走訪淘金遺跡、浸淫圖騰藝術，搭乘郵輪航行北太平洋，感受阿拉斯加的無限風光。

五星級的「藍寶石公主號」正展臂歡迎遊客，在未來的八天七夜，將帶大家前往遙遠的阿拉斯加大陸，終點站是阿拉斯加大陸的安格列治（Anchorage），完全不同於一般的內河道航程——溫哥華或西雅圖來回，不僅停留 Ketchikan、阿拉斯加首府朱諾、祖淘金之城史凱威那三個邊陲小鎮，而是航行於北太平洋，覽盡浩瀚無垠的海景，觀賞海洋動物，絕對讓人大飽眼福。

阿拉斯加大陸

安格列治

學院灣

Whittier

威廉王子灣

冰河灣

阿拉斯加灣

2 — 1

完全逃逸，遠離塵囂

航行第二天，從船上回望完全未開發的大熊雨林，傳說有一種毛色全白的黑熊
（靈熊 ,Kermode bear）就住在這裡面。

「完全逃逸」（Escape Completely），是公主號給乘客的承諾。對一般人而言，坐一趟郵輪旅行是一件畢生難忘的事，非常隆重；對某些人而言，坐郵輪旅行又是輕鬆平常的事。有些人坐郵輪到各地旅行已經不下幾十次，已成為VIP貴賓了，甚至有些人一個航程接另一個航程，常年住在郵輪上。他們大都是老夫老妻，因為在郵輪上好吃好住好玩，更重要的是，這幾天內可以不用煮飯、不須操持家務，將一切煩惱拋諸腦後！

「藍寶石公主號」（Sapphire Princess），11.6萬噸，最高航速22海浬（40km/hr），可載2670名客人、1100個工作人員，係國際頂級郵輪。

《完全逃逸》

船上除了必備的駕駛、輪機、維護……等技術部門外，還有飯店、家管、餐飲、廚房、節目、表演、旅遊、環境、採購、客服、醫療、保安……等10幾個部門，集交通、飯店、美食、娛樂和旅遊於一身。但是郵輪高貴未必很貴，特別是在「最後召集」的時候，當航程旅客不夠，時常有比住旅舘更便宜的

郵輪上好吃好玩，畢生難忘。

「破盤價」出售，熟悉門路的旅遊達人就會盯着螢幕觀察郵輪公司的報價波動，隨時準備登船。根據國際海事法規定：郵輪出海前，全部乘客必須先參加救難講習，而且要點名，不能缺席。

船上的活動節目，多元逗趣

航行日誌 1：

　　第一晚，公主號駛離溫哥華碼頭，穿過獅門橋進入喬治亞海峽，姊妹島在船的右手邊(starboard side)。喬治亞和溫哥華都是溫哥華船長的名字：Captain George Vancouver（1757～98），他不是最早來到北美洲西北海岸的，卻是第一個完整探勘這片海

船上婚禮

講座上的鯨魚擺尾鏡頭。

域的白人。

當晚，就有對新人迫不及待在船上舉行婚禮。第一天凡事都是新鮮的，晚上去船上的戲院看了一場歡迎秀(Welcome Show)，也是我們在船上看過唯一的一場秀。我們原預訂了每天5點半吃第一輪晚餐，就為了儘快用完晚餐趕去看日落，但自從在那次之後，被海上夕陽豐富奇幻的美景吸引，熱愛攝影的我們寧願去欣賞日落，也好過去看Show。

阿拉斯加郵輪必停3站：凱奇根（Ketchikan）、朱諾（Juneau）和史凱威（Skagway）。凱奇根離溫哥華1006公里，要走兩天，故此在海上航

進入喬治亞海峽。

行的第二天，船上節目精彩盡出，有很多活動和課程，有的人去練瑜伽，有的人去船上的大廚房學烹飪，我們去聽了隨船生態學家的野生動物講座，聽見她說螢幕上那張鯨魚擺尾的美麗照片是在朱諾外海拍的，滿心期待，連忙就去報名參加朱諾傍晚賞鯨（Evening whale quest）的行程。

航行日誌 2：

　　第二天清晨，公主號駛離溫哥華島北邊即將進入美國海域，加拿大籍的領航員下船，不久將換上阿拉斯加內河道的領航員上船。此刻，從船上回望完全未開發的大熊雨林裡（The Great Bear Rainforest），傳說有一種毛色全白的靈熊（Spirit Bears，或柯莫德熊Kermode bear）就

回望完全未開發的大熊雨林。

住在這裡面。靈熊是變種的美洲黑熊，其白色毛皮(也有黑色毛的)不是因為白化症，而是一種雙重隱性基因獨特的亞種。白靈熊被當地的「閃山」族人(Tsimshian)視為禁忌，並稱為鬼熊(Moksgm'ol)，對之守口如瓶，其傳說曾經被認為虛構，直到2010年被國家地理雜誌披露才廣為人知。

據科學家估計目前仍有1200隻靈熊住在大熊雨林和周邊的小島上，其中祇有2、3成是白毛的。從陸路的Kitimat可坐小船進去，尋找白靈熊的行程非常昂貴，祇在9月出發，但不保證一定看得到。

航行日誌3：

今晚沒穿正式服裝的，不得進入餐廳享受美食。在海上航行的第二晚是Formal Night，通常是船長之夜，著重禮儀的西方人無不盛裝出席，所以得精心打扮一番，才好意思去餐廳用膳。如果你不想穿得太正式，頂樓自助「包肥」餐（buffet）24小時不打烊的美食服務，8天也包管你吃到肚滿腸肥。

2—2

有熊有魚有圖騰，KETCHIKAN大有看頭

凱奇根（Ketchikan）自稱「世界鮭魚之都」，也保留著阿拉斯加數量最多的圖騰柱，是船隻北上的第一個停靠站，所以又稱為「第一小城」。

航行日誌 4：

　　進入美國唐卡士(Tongass)海域，時鐘須撥慢1小時。夏季，日照時間愈北邊愈長，日出愈早日落愈晚，直至9月後太陽偏南，每日日照時間才急促變短，也就是說5～8月阿拉斯加內河道郵輪旺季，白天可玩的時間很長呢！

航行日誌 5：

　　第三天，公主號在凱奇根（Ketchikan）靠岸。凱奇根原住民語意思為「急湍的溪流宛如老鷹雷鳴般強勁的翅膀」，早年盛產鮭魚，鷹群雲聚，為阿拉斯加州的第5「大」城，現在人口有1.4萬人，其中19％是印地安原住民。阿拉斯加前4大城分別是：安格列治、費爾班克斯、朱諾和Sitka。才剛靠岸，要去有「北方優勝美地」之稱的薄霧峽灣(Misty Fjords)國家公園玩的人早就迫不及待，坐上小飛機起程。

**訪黑熊、探老鷹窩，
看抓蟹、抓章魚表演**

　　凱奇根位於Revillagigedo島，只

「第一小城」凱奇根。

有一丁點大，是個漁村，自稱「世界鮭魚之都」，秋天有很多國王鮭（chinook）會來產卵。因為位處阿拉斯加內河道美國本土船隻北上的第一個停靠站，所以又稱為「第一小城」（the first city）。夏天是郵輪旺季，整個村的人都早起為遊客服務。

Ket-chikan音似「捉小雞」（catch-chicken），這裡有什麼好玩？你可以花249元坐快艇去Tongass雨林北面的Neets bay探訪黑熊和老鷹窩、179元玩原野zipline、jeep或canoe safari，又或者花199元坐上白令海抓蟹船看抓巨蟹和大章魚表演（以上都是2012年的價錢）。

其實郵輪假期貴不在船票，而是貴在上岸旅遊(excursion)。在碼頭上招攬客人的本地團較船上便宜許多，不過若去較遠的地方，時間上未必配合，選擇性也少一些，所以較適合在船上預訂！如果祇是City tour(市區觀光)，那要比wildlife(看野生動物)或adventures(探險活動)簡單多了，凱奇根的city tour有向南和向北兩條路線，我們在碼頭每人付了39元跳上一部遊覽車，司機載我們往南先

小飛機要去薄霧峽灣。

圖騰灣的 Clanhouse。

Clanhouse 內部。

Saxman 民族村。

去看一條像水溝的瀑布；然後又去Bear creek，遠遠看到幾隻大熊，這是黑熊，是我們來北美洲看到的第一隻野生熊。

向南的旅遊路線在回程時停留在Saxman民族村。凱奇根是Tlingit(特林吉特)、Haida(海達族)和Tsimshian(閃山族)等三個海岸印地安族傳統領域交會之處，保留著阿拉斯加數量最多的圖騰柱，其中三族都有，故最有看頭。圖騰柱主要分布在北邊的圖騰灣州立公園(Totem Bight State Park)、宴賓公園(Potlatch Park)、市東的圖騰歷史村(Totem Heritage Center)、和南郊這個薩克斯曼民族村(Saxman Native Village)等4個地方。

印地安圖騰柱用來紀錄歷史或傳說，也象徵財富和地位

Saxman民族村位處於3英哩遠的Cape Fox，擁有島上最大量圖騰柱的收藏。因為早在19世紀末，當Tlingit族終於同意接受政府有條件重新建立一個新社區，興建教會和學校，並把流散在附近的Tlingit部族都遷聚過來。有一位中學老師，名叫Samuel Saxman，熱心奔波幫忙選址，但他和另外兩位族長在一次海上航行失蹤了，1894年當族址選定後，該村就以Saxman為名以茲紀念。

1938年，美國政府開始重視原住民文化，那些原來豎在舊部落的圖騰柱才被集中來到Saxman保管，舊木因受不了潮濕容易腐壞，搶修或複製圖騰柱的工作由森林部專責展開。大家在現場所看到色彩豔麗的圖騰柱新木，大多數是模仿舊柱複製，也有一些是modern arts（摩登藝術），是近年製作給遊客看的。

往北的路線可以到達圖騰灣(Totem bight)公園，參觀clan house及其內部，Bight是小港灣之意；clan house是族人聚居的部屋。據說，最早的

圖騰藝術很可能源於凱奇根南面的Skeena河和Nass河的Gitksan(吉山族)與Nisga'a(尼斯加族)的部落，他們都說Tsimshian語。Tlingit和Haida人活動範圍與吉山族接壤，所以習藝的時候最早。吉山人最早祗是將圖騰紋刻在房屋內部支柱上面，18世紀末期，當白人帶來了刀、斧等鐵器工具後，才發展出更多元、更大量的戶外雕柱。

1830年代，刻豎圖騰柱成為炫耀部族財富和地位的象徵，各族爭相效法，立柱示威便蔚為一時風尚。印地安原住民沒有文字，圖騰柱通常是用來紀錄或「炫耀」家族的歷史，也有紀事或傳說的。故事通常從底座開始，從下而上讀起。烏鴉、老鷹、青蛙、灰熊、鯨、狼和雷鳥與這些傳說的淵源最有關係，所以是最常出現的，其他如日、月、貓頭鷹、魚、羊、水獺……等卻不常見。圖騰柱除了

Saxman 民族村的雕刻師。

刻劃具有生命的芸芸眾生之外，物件卻很少出現在圖騰柱上。

至於為何只有西北海岸的印地安人會製作圖騰柱，相信與他們靠海而居、衣食無虞、優閒自在的生活有關，最重要的可能是海岸擁有美洲內陸所缺乏的木材原料。

LumberJack 伐木秀。

上）溪街。
下）多莉大屋內的擺設。

溪街紅燈區，1910 年代已有一樓鳳

　　無論向南或向北的兩條市區觀光遊覽路線，司機最後都會在溪街將你放下來。想當年，1883年一個白人Snow首先在凱奇根開設了首家鮭魚醃製廠，其後一家來自波特蘭來的公司也蓋了一座鮭魚罐頭工廠；1897年Klondike淘金熱，凱奇根成為首個物資供給站；1910年代採礦業和伐木業相繼興起，當地人口自1910～1950年代便從2千人增加到5千多人。

　　凱奇根鮭魚業及伐木業興盛，因為時代需求，溪街（Creek street）很自然地成為凱奇根著名的紅燈區，房舍就浮懸沿着木搭的溪街興建，

其中，Dolly Authur（1888～1975）不是最紅卻最有名。多莉出生在愛達荷州，是個不乖的女孩，年輕時從Spokane（斯波坎）、西雅圖、溫哥華一路混跡到凱奇根；1919年她在這溪街不遠的Star dance hall「兼職」，賺到足夠的錢之後便買下了溪街24號名為「多莉之家」，開始其個人工作的「sporting」生涯。

　　全盛時期凱奇根共有33間工作坊登記有案，繁華興旺。海上風雨歸來的哥兒們小心了，「sporting women」將準備隨時拿走你的眼鏡或懷錶！當時凱奇根曾流行着這樣的一個妙喻：凱奇根是男人與鮭魚同時上岸「產卵」的地方。

1954年市府禁娼，多莉自此獨居直至終老，身後把24號大屋捐贈市府，現址轉作博物館。多莉昔日的「營業大廳」，現在仍擺滿了她生前最喜愛的高帽，在她最長時間的「sporting」事業裡，見證著這個「第一小城」的盛衰。

紙漿廠轉型，伐木秀必看

當然，伐木秀是凱奇根不容錯過的精彩項目！LumberJack Show原址是凱奇根紙漿公司（KPC），1954年成立，但因汙染已於1997年關閉，後來開闢一個露天劇場成為遊客必看的伐木秀秀場。伐木秀門票35元，專為遊客表演，內容是4個人分成兩組，伐木工人拿出絕活表演多個伐木項目比賽，第一場在上午8時，第二場在11時，建議你可以先看完秀再去圖騰公園，溪街離碼頭不遠，最後再走路到溪街尋找多莉的琴音。

「如果你在凱奇根看不見背後的鹿山，表示此時正在下雨；如果你看得見鹿山，表示即將會下雨！」無論看得見或看不見鹿山，都表示會下雨，這是凱奇根人對當地時常下雨的描述。健行（hiking）

多雨的鹿山。

是白人最愛的健康活動之一，他們願意花半天的時間爬上鹿山健行，但若時間許可，我建議你去商店街shopping比較好。阿拉斯加是美國5個免稅州之一（沒有州稅但各地或有不同的地方稅），在船上消費也是免稅的。

郵輪停留凱奇根僅半天的時間，是很容易就打發的，但你得早一點用完早餐下船，才夠時間玩得盡興！

航行日誌6：

回到船上，吃完午飯，先別急著去做瑜伽，因為在Tongass Narrows將有很多海豚出沒。

內河道航行，座頭鯨揮尾打招呼

內河道航行：儘管阿拉斯加自1867年就被美國政府買下，但是阿拉

斯加與加拿大的邊界到1903年才談判確立，加拿大卑詩省的邊界被美國自阿拉斯加本土沿著海岸一路向下切割了900公里海岸線（俗稱：鍋柄「panhandle」）。在阿拉斯加「鍋柄」這段地區，島嶼星羅棋佈，由於被海岸山脈阻隔，除了史凱威和海恩斯之外，沒有陸路可以進入內陸卑詩省或美國本土，鄉鎮之間只能以飛機或由阿拉斯加州政府經營的海洋公路渡輪航線（Alaska Marine Highway System）相連，這段水道就像船隻的高速公路，又稱內河道（Inside passage）。

航行日誌 7：

　　傍晚，郵輪經過Snow Passage接近Cape Decision（決定角），終於第一次看到鯨魚了，座頭鯨（humpback whale）用牠的招牌動作向我們擺尾！Snow是在凱奇根開設了首家鮭魚醃製廠的人，而Cape Decision是由庫克船長（1728～79）命名的；1778年他在此決定繼續北上尋找連接歐亞北方的「西北航道」，最終在白令海被冰山阻擋，後來回到夏威夷過冬，翌年就被當地土著殺害。

航行日誌 8：

　　當晚公主號駛進Stephens Passage，在兄弟島的礁石上有很多海獅（steller sea lion）；在兄弟島背後的Admiralty大島，那裡棕熊的密度很高；而在內河道，估計有1500隻座頭鯨在此覓食，其中大部分都有被列管追蹤。至於朱諾（Juneau），就位於3840平方公里的朱諾冰原南岸。

航行日誌 9：

　　第4日清晨，公主號停靠在阿拉斯加州的首府朱諾。朱諾(Juneau)，或者你可以開玩笑地把她譯作：「豬籮」，到2010年只住了3萬2千人，也許你不相信，美國最大州的首府居然無路可達，車輛只能在市內那52哩的岸邊道路來來回回，貨物都得靠海運或空運輸送，因此成本上揚，還好朱諾有半數人以上是在政府衙門做官領差餉的，可以輕鬆地應付高昂物價。

Stephens 河道。

第一次看到鯨魚。

朱諾位於棉田豪冰川南側。

2—3

首府朱諾，繞着冰川跑

1906 年，阿拉斯加首府從殺鯨和毛皮業沒落的 Sitka 遷來，礦業、漁業和旅遊業相繼興起，朱諾從此一帆風順，但是旅遊基礎卻建立在冰川上。

⚓

阿拉斯加原來是俄羅斯的領地，1741年原籍丹麥的俄國探險家白令V.J.Bering（1681~1741）在他最後一次航行，帶著彼得大帝建立的艦隊在St.Elias山脈南側登陸，將阿拉斯加納入沙皇版圖。但是到了1792年，俄國人才在Kodiak設立首個俄屬的America基地；直到1804年，俄艦轟陷位於Sitka強悍的Tlingit部族，俄國人才有效控制整個阿拉斯加沿岸區域和開始毛皮貿易。

冰河、纜車必玩，賞鯨、挖金也不賴

1856年，俄軍進入黑海克里米亞(Crimea)半島被英法聯軍擊退，沙皇亞歷山大二世害怕北美屬地最終將

Roberts 山上的雲霧。

被英國拿走，便積極向美國低價兜售。1867年，詹森總統同意以每英畝2美分計700萬外加20萬美元手續費成交，折算現值約1.2億美元取得這片冰凍大地。

1880年，初到阿拉斯加的礦頭G.Pilz懸賞找尋黃金，翌年，他的手下Joe Juneau和R.Harris在Kowee酋長的引領下，真的在道格拉斯島上找到了

遊客中心的模型圖，箭頭指示為棉田豪遊客中心。

「大如豌豆」的黃金。朱諾最初起名叫Harrisburg，後被更名為Rockwell，因為這兩個人信譽都不好，最後才被定名為朱諾。1906年，阿拉斯加首府從殺鯨和毛皮業沒落的Sitka遷來，礦業、漁業和旅遊業相繼興起，朱諾從此一帆風順，近悅遠來。

郵輪在朱諾將停靠一整天，除非你想參加郵輪上的戶外活動行程，不然在碼頭上的纜車站也有幾個套裝行程：冰河和纜車是一定要去玩的，此外，出海賞鯨或去朱諾

的金礦遺址挖金，都是不錯的選擇，我們就先花29元坐纜車上羅伯(Roberts)山欣賞風光吧！

清晨的雲霧仍未完全消散，在羅伯山上，除了可以俯瞰朱諾市區、道格拉斯島和島上Gastineau通道的金脈外，晴天時更可北眺1898年淘金熱時著名的Chilkat(超凱)山脈；此外，棉田豪(Mendenhall)冰河的出口和我們將會在傍晚賞鯨的Auke海灣都在腳下，前方那塊綠色平地是冰河雨林花園。

在 Roberts 山俯看朱諾市全景。

在530公尺高的羅伯山山頂纜車站，還有一個森林博物館、一隻被豢養的白頭老鷹和幾條輕易步道，可以讓你輕鬆遊覽，心曠神怡，不過最容易讓大家忽略的是那三個雕刻在樹上「the trees with eyes」的樹雕，其中一棵的名字是：「使者告訴烏鴉部族將有客人來了」，是此地 Tlingit 族人昔日用來「宣示主權」的做法。

首府設在冰川旁邊，
棉田豪冰川飽受熱氣蒸騰

朱諾大部分的戶外活動都圍繞著冰川進行，不過索價都不低，連導遊帶你往冰上健行都要99元，最貴的是坐直升機到冰原上的雪橇營地玩狗拉雪橇(dog sledding)，要價599元。我才花了19元買張來回車票，跳上一部巴士去觀賞棉田豪冰川，冰川離

市區只有19公里遠，是朱諾冰原上38條冰河之一。

棉田豪冰川形成於三千年前的小冰河時期，為典型的後退冰川。冰川是流動的，在朱諾東邊的Taku冰川就以每年17公尺的驚人速度向下滑動，地球暖化加速冰端不斷向後退縮。冰河退卻，千萬年被埋在雪堆裡的冰磧地獲重生，旋即被新生植被擁抱占據。在棉田豪冰川旁邊有一道很大的金塊（Nugget）瀑布，融冰滙成洪水狂瀉而下，在金塊瀑布之下，人顯得非常渺小。

在朱諾，園管員都會安慰你說：觀賞冰川最好是在陰天，獨特的晶體結構透露著神秘的藍彩！也難怪園管員會那樣說，朱諾一年只有4、50個晴天，到當地記得帶件輕便雨衣。在冰川的遊客中心驚喜遇見Mark Kelley！他正在為讀者簽名的那本Alaska攝影集（24.95元/本）曾獲得過班傑明·富蘭克林出版獎。Kelley毫無疑問是位環境保護者，他也認為把首府設在冰川旁邊，讓冰川飽受熱氣蒸騰實在不太適宜，州政府曾經有計畫想將首府遷回阿拉斯加大陸，但因資金龐大、員工反彈而作罷。轟！一塊冰堡恰好就在眼前碎裂開來。

晚上的 evening whales quest（賞鯨），傍晚5時才集合，下午從冰川回程在時間上綽綽有餘，還可以去看看州立博物館、逛逛老街……，但我們卻被州議會大廈後方這座東正教教堂吸引。這座聖尼古拉斯東正教教堂建於1894年，較1848年在Sitka最早興建的聖米可教堂晚了46年，但後者已於1966年焚毀，現今是重建物，所以聖尼古拉斯教堂儘管簡潔，畢竟還是這地區現存最原始最古老的東正教教堂。

使者回報：有客人來了。

教堂內部聖物都從莫斯科送來。

冰堡就在眼前碎裂開來！

尊重原民文化，東正教堂屹立

什麼原因當俄國人都走了，Tlingit人還在當地建了俄式的東正教教堂？原來是美國傳教士堅持要用英語傳教，而原本在Sitka的聖米可東正教教會卻用本土語言崇拜。各地的頭目最初都遠赴Sitka受洗，信眾後來就在朱諾蓋了新的教堂，現存內部聖物都是當時莫斯科東正教大主教贈送的。

真的是晴時多雲偶陣雨，晚上的賞鯨還會出發嗎？在回到船上之前，別忘了去百年老店——紅狗沙龍酒吧懷舊一下，裡面仍保留著百年前朱諾淘金時期紙醉金迷的裝飾與擺設；至於朱諾老街的珠寶鐘錶因為免稅所以比美國本土便宜，故此不少人免不了也血拼一番。

傍晚，天氣好轉，Evening Quest如期進行！旅遊車將我們帶到棉田豪冰川出海口的Auke海灣，再轉乘中型遊覽船出海，可是夏日太陽10點鐘才下山，想要拍到講座上那張鯨魚擺尾搭配夕陽的絢麗畫面，除非是下次再坐飛機過來多停留幾日，僱艘小艇在更晚的時候出海才行，而且這次出航看到的殺人鯨比座頭鯨多得多，座頭鯨離我們很遠，沒有拍到預期的鯨魚大尾鰭，所以旅遊碰到什麼就拍什麼，別想太多！

航行日誌 10：

帶著有點失望的心情，郵輪在晚上離開Gastineaul 航道航向史凱威。弄了半天，才搞清楚所謂右舷「starbroad side」是指船的右手邊，左舷「port side」是指船的左手邊；英文指靠岸（port）的那一邊是英式道路規則左上右落的左手邊，和我們平時靠右行駛、人行道在我們右手邊的駕駛習慣不一樣。

在金塊瀑布下，人顯得非常渺小。

傍晚賞鯨。

擺懶的海獅。

2—4

SKAGWAY淘金傳奇，重現發財夢戲碼

19世紀末，數以萬計淘金客湧向史凱威（Skagway），一夜之間，這個原本與世無爭的印地安部落，變得是摩肩接踵、處處笙歌。

⚓

航行日誌 11：

郵輪從Chilkoot水道駛進Taiya水道，清晨在史凱威靠岸。史凱威距離雨港朱諾只有200公里，卻很少下雨，是郵輪在內河航道最北端必停的第三個站，是個傳奇之地。

提起史凱威只有一個印象：淘金！1896年，在育空內陸科朗迪克（Klondike）發現黃金……；1897年，2噸黃澄澄的金沙運抵西雅圖，消息傳開……；1898年，數以10萬計淘金客懷著發財大夢蜂擁來到史凱威，一夜之間，把這個原本與世無爭的印地安人部落擠得水洩不通。

一早，傳奇的白通關窄軌火車已經在碼頭邊恭候多時，在船上買票（129元）就可坐上火車，一路追懷科

駛進 Taiya 水道。

朗迪克淘金的故事，那是默劇泰斗卓別林早在90年前就演出過的戲碼。

為財勇往直前，淘金不畏艱險

話說當年內陸育空地區人跡罕至，面對蜂擁而來的淘金客，加國政府基於人道考量限令入山者必須帶夠1噸（夠1年）的補給品才予放行。入山有兩條路：一條是在史凱威對岸14公里遠現已廢棄的Dyea入山，攀上路途較短但有1067公尺高的超酷關(Chilkoot Pass)，號稱「Chilkoot黃金天梯路線」；另一條就是沿著Skagway山谷爬上白通關，白通關（White Pass，873公尺）看起來較容

白通關（White Pass）。

1）司馬谷。
2）曾是世界最長的懸臂桁橋。
3）Frank Reid 墓前的英雄事。
4）至死不忘要與金塊同存。

易，但事實不然，它比較矮卻繞了遠路而且更困難。大部分淘金客選擇前者，因為冰封的白通關山路碎石峭壁寸寬坡步，還要運載千斤家當，卻實難如蜀道，崎嶇難行。

大概有兩三萬人湊齊了一噸的補給品順利入山，你可依稀看到當年那「Trail of 98」的遺跡？尤其是這段司馬谷（Dead Horse Trail），4隻腳的受不了嚴寒和勞累，絕大部分都撐不過樹木線，四腿一伸就把貨物留給飼主來扛，估計至少有三千匹馬、騾、驢在司馬谷壯烈犧牲了。後來有人突發奇想，從史凱威建造一條鐵道攀過白通關直抵白馬市，使得人員（包括女人）和物料都可輕易在白馬市坐船，快速到達Klondike的銷金窩——道森市。

就這樣，白通關－育空鐵路（White Pass & Yukon Route），在英國資金、美國人設計和加拿大承包商等拍板合作下，就地募集了三萬名負擔不起一噸補給物的窮漢，搭橋穿洞，一條180公里窄軌鐵路，只花了26個月就給鋪設完成。其中史凱威－白通關這一段只有33公里。

可是，1900年夏天，鐵路建好了，人卻跑光了！熱潮退去，鉛華

前人看到的景色會不會如此明媚。

褪盡，史凱威人口只剩下幾百人，直到近年旅遊業興起，白通鐵路始於1988年重新營運，最近的去到白通關美加邊界，最遠去到Carcross，純粹為郵輪客人作懷舊旅遊。在火車上看到有座斷橋，是當時世界上最長的火車懸臂橋樑；此外，雖然在夏季，山上仍然寒冷，每個車廂裡面都有一個暖爐用以取暖，如果你知道白通關「Trail of 98」多一點的故事，這段go to nowhere而且又不便宜的火車之旅是不是會讓你興緻提高一些呢？

百年前 10 萬人，盛況今安在

從白通關回望Taiya水道，當年美國所屬的一小段海岸，不若加國有騎警維穩，史凱威無法無天任由黑幫統治，惡霸 Jeff Smith（綽號：「肥皂」Sam）和他的手下偷、搶、騙統統都來：詐賭、發假電報；人、馬、車通過峽谷都要付買路錢……，所以這山谷當時有個折磨人的暱名，叫：「磨人谷」（Tormented Valley）。

美式故事總有美式英雄出現，就是有個建築工叫Frank Reid跳出來要單挑「肥皂」Sam，1898年7月初的一個星夜，在一場圍捕行動當中：Bang！Bang！……兩聲槍響，兩個人同時倒地，同時長埋鎮外的Gold Rush墓地。史凱威的景點全部都以淘金熱業為主題，所以墓地也是一個景點！我們來到「肥皂」Sam的墓，遠遠看到講說員在Frank Reid墓前講述他的英雄事績，同時也看到一個墓上放著一塊漆金的大石塊，這位淘金客至死不忘要與金塊同存。

正面用浮木雕成的北極兄弟會。

現在夏日郵輪每天帶來近萬名遊客，塞爆了平常只住幾百人的小鎮。彷如時光倒流，史凱威那幾條街大致上還保留著當年西部拓荒時期的建築和舊觀，著名的紅洋蔥酒吧(Red Onion Saloon)建於1897年，是淘金客當年尋花問柳的溫柔鄉；正面用8833根漂流木雕成的北極兄弟會

Arctic Brotherhood Hall(1899)也是當年的產物，兄弟們曾經在裡面分享過許多極地的故事；其他值得一遊的，是鐵路總站旁的淘金博物館，保留很多淘金的歷史和淘金客遺留下來的舊物。

史凱威彷如時光倒流。

如果對自然生態有興趣，可以坐趟渡輪去海恩斯(Haines)的老鷹保護區，或者去Chilkoot河谷看棕熊抓魚，

都只要199元。我沒有在船上報名，岸上也不像前兩站有旅遊攤檔叫賣行程，午後覺得無聊便頭昏昏的回到船上。史凱威市區交通車單次2元全日5元，但祗坐到碼頭廣場前，艷陽高照，從碼頭廣場回船上的路漫又長！

航行日誌12：

　　傍晚，溫度約15度，海岸山脈的夕陽餘暉非常漂亮，公主號離開史凱威，經過海恩斯駛離Chilkoot水道進入Lynn Canal，準備航向冰河灣。

美國國家園管員有好學歷受人尊敬。

2 — 5

航向冰河灣，郵輪之旅的最高潮

瑪加烈冰川大大小小規模的冰爆每小時總有 1 ~ 2 次，震開的碎冰便成了海豹和海獺的水上樂園，冰河灣堪稱郵輪之旅的最高潮。

航行日誌 13：

　　郵輪在清晨進入冰河灣，有3位園管員登船講解。在北美洲，國家公園管理員（park rangers，簡稱園管員）是需要有好學歷而且受人尊敬的，他們都受過專業訓練，執行管理和肩負護林任務。

　　冰河灣（Glacier Bay），當溫哥華船長於1791年首次將她劃進地圖時還只有5英哩深；88年後，據另一位蘇格蘭籍的自然學家John Muir紀錄，當時的冰河灣離海口已經有20哩遠；如今，冰河退卻，郵輪至少要深入65英哩遠，才能到得了冰河灣的最裡頭。在冰河灣，「我們不找黃金，來為追求大自然！」

腹部朝上躺海面，海獺萌樣引目光

　　冰河灣有16條冰川流入海中，其中賴德(Reid)冰川、西灣最裡頭的蘭普魯(Lamplugh)冰川、約翰斯霍普金斯(Johns Hopkins)冰川、和東灣（Tarr Inlet）

山壁上的山羊。

令人屏息的瑪加烈（Margerie）冰川，這4條冰川仍活蹦蹦地釋出冰山。

在阿拉斯加郵輪航線上，海洋動物都很聽話，總會在差不多的地方和差不多的時間恭候大駕。例如位於冰河灣入口的白冰海峽(Icy Strait)，就有很多座頭鯨魚家庭聚居，隨時躍出水面來歡迎大家；剛起床懶洋洋的海獺（Sea otter），正在沐浴梳整，準備新的一天外出覓食。海獺很特別，牠總是喜歡腹部朝上地躺在海面：整理毛皮、享受佳餚、甚至睡覺。

帶着鮮豔喙紋的海鸚（Puffin）可能是大家較少見過的，太平洋的海鸚有分：角海鸚（Horned Puffins）和簇毛海鸚（Tufted Puffins，也叫：鳳頭海鸚）兩種。角海鸚的直角眼紋、簇毛海鸚頭上長有一簇白色向後的毛髮，煞是可愛，牠們搖動翅膀每分鐘可達400次，在海面上能飛能走也能潛泳，飛行速度88公里，要拍到牠們頗不容易。

海鸚在冷冽寒風的秋天和冬天都會各自在海上度過，但在每年春天和夏天，海鸚夫妻竟然都認得路，回到陸上同一地點相會、繁殖和共同撫養下一代。海鸚分布在北地沿海，非常普遍，通常其壽命長達20年。

在冰河灣，特別在郵輪上，你所看到的一切都顯得非常渺小。在被冰河磨平陡峭無路的花崗岩壁上，小得像芝麻般的山羊悠然來往自如，園管

Jon，要做一隻普通海鷗，有那麼困難嗎！

快要退到加國邊境的大太平洋冰川。

員一再向大家提示動物所在的位置，我想：隨船的園管員不是特別好眼力，就是動物平常就愛常常待在那兒。

飄飄何所似，天地一沙鷗

冰河灣沒有陸路可達，幸好1925年便被柯立芝(J.Coolidge)總統宣告為國家紀念地，整片冰川河岸才未被紅塵汙染，得以保留原貌（美國的國家紀念地national monument是由總統頒布即可，不若國家公園須經國會通過程序）。假如你想再親近一些，從朱諾有小型飛機直飛灣口的小村古斯塔

夫斯(Gustavus)，再坐15公里的車程到位於Bartlett Cove的園區旅客中心，那裡有園區觀光渡輪帶你去灣內的幾個主要地點，你再選擇在哪個點划獨木舟、橡皮艇或野營，唯一的條件是：不留下任何痕跡，包括大小號；大小號都規定要在潮水帶的海邊，男女生都一樣！

在開揚的曠野放「歌」？我們男生很習慣這樣做，但女士們卻很難過得了心理這一關。假如你真的這樣做：僱一艘小艇划向冰河灣，那麼，大自然就是你的獎賞！巨大的棕熊可能半夜會來到營地「敲門」，想問你有沒有幫牠帶來什麼神秘禮物；在營地近距離和駝鹿（moose）接觸也是特別的體驗。如果不划船可以改坐觀光渡輪，「巴拉諾夫微風號」(Baranof Wind)8小時的航程絕對值回票價，你可以在「Glacier Bay Lodge and Tours」網頁，找到更多住宿旅遊資料。

「飄飄何所似，天地一沙鷗」，這是杜甫《旅夜書懷》的千古金句，但是看着海鳥飛翔，更加讓人想起Hall Bartlett的《天地一沙鷗》（Jonathan Livingston Seagull），這是描述一隻酷愛飛行的海鷗，廢寢忘食地整天學飛，特立獨行，夢想飛得更高，看得更遠，發現更多美麗景色！牠爸媽問牠：「Jon，要學做一隻普通海鷗，吃飽穿暖，有那麼困難嗎！」但牠堅持要做自己，並認為自己追求卓越的理想最終會獲得鷗群接受。可是在一次表演意外之後，Jon成為眾矢之的，在一個黑夜的飛行，他的身體變得透明，展開翅膀，離開那庸俗的海鷗世界！

僱一艘小艇划向冰河灣。

Icy Strait 有數個座頭鯨家庭聚居。

乎！有隻海獅跳起來。

瑪加烈冰川，一千多對眼神屏息以待

航行日誌 14：

　　上午10時，郵輪駛進西灣，溫度約10度左右，是登船之後最冷的一天。很難想像冰河灣在庫克船長來時還不得其門而入，200年來後退了60英哩。現在在冰河灣的最裡面有個Y字型的峽灣，西灣有蘭普魯冰川和約翰斯霍普金斯冰川，而約翰斯霍普金斯冰川已後退至淺水區大船不能進入；蘭普魯冰川是個潮水型（tidewater）冰川，就是冰川前緣直接伸到海面上，甚至會形成高牆峭壁，因為較溫暖的海水從海面下侵蝕，冰縫容易裂開造成冰爆（calving），近乎垂直的冰崖崩裂而下，在湛藍靜謐的海面激起一陣翻天的浪花，非常壯觀。

　　冰河灣，是觀賞冰爆不錯的地方，但蘭普魯冰川不夠陡直沒有等到冰爆，郵輪轉進東灣。由於郵輪帶來太多廢氣和汙染，園區每日只容許兩艘大型郵輪進入冰河灣，公主郵輪是其中之一，我們先進西灣是要等另一艘「挪威珍珠號」從東灣出來。

　　轉進東灣（Tarr Inlet），快要退至加國國境的大太平洋冰川和瑪加烈冰川就在眼前。我總覺得冰河灣應該才是阿拉斯加的起點，因為在她背後的藍格爾聖伊利亞斯（Wrangell-St.Elias）大山西接楚加奇（Chugach）山脈再接阿留申（Aleutian）山脈，把北地都隔絕在太平洋北方之外，廣濶而孤獨。

　　今日天色甚佳，在瑪加烈冰川後方山頂尖尖的好天氣山（Mount Fairweather）清晰可見，好天氣山高4671公尺，分隔美加邊界，是冰河灣國家公園園區內最高的山，也是加拿大卑詩省的最高山。儘管名叫好天氣山，但因近海，下雪量其實也是滿大的。

海獺海獺喜歡躺在海面上。

毫無疑問，瑪加烈冰川才是這趟郵輪之旅的最高潮。在甲板上一千多對眼神莫不屏息以待，等待著數十噸冰塊爆裂開來，撲向海面。瑪加烈冰川是一個更標準的潮水型冰川，在海面上高約80公尺，在海面下深30公尺，平均每日行進5英呎，是區內最活潑會冰爆的冰川。

轟然冰爆，碎冰成了海豹海獺樂園

等呀等……，船長鳴笛並加大引擎空轉，希望藉此讓冰山快些裂開！冰川的型態除了向下伸入海平面的潮水型冰川外，較常見的是掛在山巔上的碗型（Cirque）冰川和沿著山谷流動的山谷型（Valley）冰川，停留在山腳平地而形成一大片冰蹟的山麓型（Piedmont）冰川比較少見。

說著說著，忽然雷聲鼓動，一陣嘶裂聲劃過長空，冰壁開始滑動。園管員說：瑪加烈冰川大大小小規模的冰爆每小時總有1～2次。但這次，我們等了個把小時，船長都差一點要把船開走了！忽然，「轟……！」一聲，爆了，這樣才勉強算個樣子。

將冰山震開之後，碎冰（bergy bits或growlers）便成了海豹（Seals）和海獺

（Sea Otters）的水上樂園。郵輪徐徐駛出冰海灣，船過之後的水波在岸邊反蘯回來構成格子波紋，我模仿李安拍了一張《少年海豹的奇幻漂流》？海豹是天生的游泳好手，短硬的剛毛在日光下會閃耀著金黃色光芒。海豹和海獅（Sea Lions）不同的是海豹的頭很圓、無耳短鼻和前肢腳短，不像海獅可以爬行，而且體型較小，幼海豹是鯨魚甚至是熊的肥美大餐。乎！冷不提防有隻有片耳頁的海獅在海面上跳將起來。

航行日誌 15：

送別了園管員，海面平靜如鏡，懷著滿心愜意，郵輪駛離冰河灣，途中波光浮影，譜出快樂樂章。提醒你，在冰河灣任何會被吹走的物品都得小心顧好，帽子繫緊、地圖留在房間，絕對不能被風吹走或任意丟棄，避免污染環境。

轟……！這樣才勉強算個樣子。

《少年海豹的奇幻漂流》

2—6

風暴製造機，阿拉斯加灣氣象萬千

阿拉斯加灣夾在北極海和太平洋之間，太平洋洋流順著山脈橫過，是處風暴的天然製造機，高山累積了大量的冰雪，天氣一日數變，因而氣象萬千。

在冰河灣入口再看到那個定居的座頭鯨家庭遊弋，目送「挪威珍珠號」沿內河道循原路回去，大部分阿拉斯加內河道航程都是回到原出發地，如果沒被安排遊覽冰河灣，會有Tracy Arm等其他較小的峽灣替代，航程都是八天七夜。但我們選擇從冰河灣再往安格列治的航線，多花機票錢坐單程飛機回家，目的就是想帶大家去看真正的阿拉斯加。

看見鵜鶘與短吻海豚，沒有遺憾

航行日誌16：工作了6天，原來的船長也要休假下船，換阿拉斯加航道的新船長來接班。郵輪朝阿拉斯加灣前進，沿岸景色迷人，布拉迪

（Brady）冰川和冰河灣出於同一個冰原，布拉迪冰川在山的南邊，冰河灣則在山的西邊。布拉迪冰川是少見的山麓型冰川，因為暖化，冰川前緣已露出整座城市那般大的新生地。

拐過史賓沙角，離開「鍋柄」進

Icy 海峽白花花的鯨魚呼吸水柱。

入阿拉斯加灣（The Gulf of Alaska）。史賓沙角燈塔，是一座重要而又孤獨的

布拉迪冰川露出大片新生地。

燈塔，在還未自動化之前一直由美國海岸防衛隊駐守，由於地處偏遠，幾個月才換班一次，負責防衛的員兵形容在島上服役期間，猶如身處煉獄，時常會做出一般正常人不會做的事。

阿拉斯加灣夾在大山和太平洋之間，太平洋洋流順著山脈橫過，是處風暴的天然製造機，高山累積了大量的冰和雪，天氣一日數變，因而氣象萬千。郵輪駛出阿拉斯加灣又見到好天氣山，這是1778年庫克船長在內河道經歷長時間風雨，駛出史賓沙角後雲開見山因而命名，她離海岸只有23公里，現在是個很熱門的攀山路線。

沿著St.Elias山脈往西北方向前進，這St.Elias山脈還有一座最高的山峰叫洛根山（Mt.Logan），海拔5959公尺，在加國育空境內，其實，加拿大有16座最高的山都在St.Elias山脈。稍後，St.Elias山脈將延伸往內陸與蘭格爾山脈連接，把海岸迎風面讓給了楚加奇大山。

在船上第6天，公主號在北太平洋海面巡航，夕陽斜照，今晚又是formal night，沒穿正式服裝的沒得吃大餐！我們一如往日，寧願去拍

進入阿拉斯加灣。

孤獨的史賓沙角燈塔。

好天氣山離海岸祇有 23 公

照，重要過吃大餐。船行離岸稍遠，沒能看清楚北岸冰顏，但見有一隊鵜鶘（pelican）罕見地出現在北方冰冷的海面上，讓我們拍到此行最美麗的一個畫面：《Plunge-diving Pelicans》。雖然最早在安徒生神話中叼着布包裹嬰兒的是歐洲白鸛（white stork），不過迪士尼把鵜鶘的大喉囊描述成送子鳥，迪士尼的版本明顯比較深入民心！

第7天，最後一天在船上享受北地晨光。早起的人兒有魚看！我們又難得的捕捉到一隻太平洋短吻海豚躍出水面，太平洋短吻海豚（Pacific white-sided dolphin）活躍在北太平洋沿岸，經常成群出沒，動作敏捷極難捕捉，鵜鶘和短吻海豚都幸運地被我們看到過了，是這趟郵輪假期最大收穫，阿拉斯加灣真是我倆的大福地。

殺人鯨母系社會，幾代同堂一起巡弋

航行日誌 17：

進入威廉王子灣，航程將近尾聲，但大家先別急著收拾行李，威廉王子灣還有很多鯨魚。威廉王子灣在最早之前白令船長和西班牙人都來過，後來庫克船長以當時英皇喬治三世的第三個兒子William Henry重新命名，他就是後來的威廉四世；威廉四世的繼任人是他的姪女——維多利亞女皇。

在灣內，我們看到殺人鯨媽媽帶著兩隻小鯨休悠自在地巡弋，背景是楚加奇大山和哥倫比亞冰川。殺人鯨是母系社會，經常幾代同堂一起航行。楚加奇大山在北岸高高隆起，威廉王子灣終年不凍，但灣內三個港口：瓦德茲（Valdez）、科多瓦（Cordova）和惠蒂爾（Whittier）都很少人住。近年前在阿拉斯加輸油管Valdez的港口出口，1989年3月那次

一隊罕見的鵜鶘《Plunge-diving Pelicans》。

太平洋短吻海豚。

EXXon運油輪觸礁漏油災難，就在Bligh礁發生，幾乎毀了整個灣區生態。

所謂阿拉斯加油管是由英國石油公司BP、美孚Mobil等大石油公司合資成立的Alyeska公司擁有（BP是最大股東），自1975年始建，77年開始運作，全長1300公里，把原油從Prudhoe Bay泵運到Valdez再運回加州提煉。2012年每日吞吐量為55萬桶，油輪每週維持5個航班來往加州，但僅及90年代高峰期的四分之一。

進入學院峽灣（College Fjord），那5個潮水型冰川和多個小型冰川都以哈佛、耶魯等名校和教授名字命名，那是紐約的鐵路大亨哈里曼(Edgar Harriman)的傑作，1899年他全資率領一隊包括博物、生物、地理學家和藝術家、攝影師等前來學院峽灣「打獵」，史稱：「哈里曼大探索」（The Harriman Expedition），為當時這洪荒世界留下了許多珍貴紀錄。當然，哈里曼也不吝嗇保留一個峽灣和冰川冠上他自己的名字。郵輪經過哈里曼峽灣之後第一個看到的是衛斯理冰川，學院峽灣最裡頭的三個冰川排成一線，分別是Bryn Mawr冰川、Smith冰川和哈佛冰川。至於耶魯冰川則在哈佛冰川的東側。

離開學院峽灣，記得跟海獺說掰掰

航行日誌 18：

公主號北上航線來到最後一個景點——哈佛冰川。「對面的情人請看過來！」原來是隨船的攝影師把握最後的機會坐小船下水要為大家拍照，攝影師隨船為大家拍到的照片，歡迎到影廊隨意挑選，每組優惠價26美元，是郵輪公司很大的收入來源。

看過冰河灣之後，學院峽灣並不特別吸引，哈佛和耶魯這兩個潮水型冰川都不夠高聳，但有很多水鳥、海豹和海獺在碎冰形成的淺灘上玩耍。

航行日誌 19：

離開學院峽灣，別忘了和海獺說聲：掰掰！喔，也得提及1964年耶穌受難日那一次大地震，威廉王子灣發生美國有史以來黎克特（Richter）9.2級最強大地震，造成Valdez、Portage……等村莊全毀，學院峽灣更首當其衝，東岸戲劇性上升了6英呎，而西岸則下沉了8英呎，震到冰川都自動裂開，冰塊像瓦礫般四處散落。

航行日誌 20：

公主號半夜到達惠蒂爾，遊客在船上渡過最後一個晚上，隔天一早就要下船。惠蒂爾（Whittier）從前是

殺人鯨家族在威廉王子灣游弋，背景是哥倫比亞冰川。

個軍港，現在是郵輪及遊艇碼頭，不到200人居住，主要經營到學院峽灣旅遊的小型遊覽船，公主郵輪似乎是這裡最大的老闆。告別享受了七天「完全逃逸」不用煮飯的公主號，有錢有閒的貴賓將坐上公主郵輪專屬的Denali火車繼續旅程，去迪納利或銅河谷遊玩，郵輪公司在那兩個景點都有附屬飯店。

　　我們每人付54元搭乘巴士，前往120公里外的安格列治。記住，郵輪碼頭距離市區通常都有段距離，如果你沒有預訂入城的接駁巴士，可得自己另想辦法。　從惠蒂爾入城的車輛必先要通過一條長4公里的隧道，那是二戰期間由美軍開鑿的鐵路，後來才開放與汽車共用，非常狹窄衹供單行，所以每次通過都要等上半個小時，出了隧道看到Turnagain灣，安格列治就不遠了。

　　8天7夜，終於到了安格列治（Anchorage，北緯61度），這以前是在亞洲坐飛機去美洲必須停靠加油的中繼站，也是美軍抗衡前蘇聯時重要的軍事基地，現在則以商業和旅遊業為主，人口30萬，是阿拉斯加的最大城。至此，郵輪旅程告一段落，往後我們將從陸路探尋阿拉斯加有什麼新奇事物！

1）學院峽灣較外面的衛斯理冰川。
2）最裡頭的三個冰川排成一線。
3）對面的情人請看過來！
4）別忘了和海獺說聲：掰掰！

遊船業是惠蒂爾最大的老闆。

安格列治以商業和旅遊業為主。

Chapter. 03

遠征 Alaska Highway
唯一大道通南北

連接阿拉斯加和美國本土 48 州、全年開放的 Alaska Hwy，動用 1 萬 6 千名
美軍官兵、僅花 8 個月另 23 天就完成，是當地唯一一條聯外道路，方便南北
暢通。

別懷疑，從溫哥華去阿拉斯加只有一條公路，就是阿拉斯加公路（Alaska Hwy）。雖然，
在卑詩省連接阿拉斯加公路的除了 97 號公路外，還有一條 37 號公路接上阿拉斯加公
路中段，若循着 97 號公路去到阿拉斯加公路的零起點，從零起點出發，走完阿拉斯加
公路全程，是不是更具意義！除此，通過阿拉斯加海關的另有一條很北邊的 Top of the
World Hwy（世界之巔公路），不過後者只有夏日開放，所以全年開放的只有 Alaska
Hwy 唯一的一條直通大道，沒得選擇，出發吧！看我們開車要開幾天才能到得了安格
列治？

3 — 1

漫漫征途，一站站走過

從威士拿（Whistler）翻越海岸山脈（Coastal Mt.）往北走，雖然路程較短，但路途曲折，花費的時間更長。

⚓

從溫哥華北上到阿拉斯加，很少有人會選擇威士拿（Whistler）的99號省道，而不走往Hope的那條康莊大路。從Whistler翻越海岸山脈（Coastal Mt.）往北走，雖然路程較短，但路途曲折，花費的時間更長！為了嘗試走不同的路，看不同的景色，一早，我們驅車駛過了獅門橋沿著著名的海天公路（Sea-to-Sky Hwy）出發，將為你一站一站地介紹。

威士拿滑雪聖地，冰火秀吸睛

威士拿距離溫哥華200公里，車程3小時左右，是北美5大滑雪場之首，也是溫哥華最引以自豪的景點，曾舉辦過2010年冬季奧運會，屹立在威士拿

山上的Ilanaaq雕像就是當年冬奧的吉祥物。每年冬天滑雪時節，都會吸引2百萬以上的滑雪迷前來朝聖，昂貴的渡假小築，到了冬季總是一位難求。

每年12月中到3月底的每個星期天晚上，就在坐纜車的滑板人(Skiers Plaza)廣場上，還有冰火秀（Fire & Ice Show），有最優秀的滑雪健兒為你表演。其中「五子連環」的自由式(free

冬奧的吉祥物 —Ilanaaq。

Chapter 03 奔馳 Alaska Highway 唯一大道通南北

好像「宇宙大爆炸」。

style)滑法，可看到5個人又跳又翻滾，跟特技一樣。

　　從鬱鬱蔥蔥的威士拿渡假村，經過了彭伯頓（Pemberton）的牧場和彭伯頓冰原，越過了海岸山脈到達菲沙河谷，山區面貌竟然截然不同，從原本青翠蒼綠，變成了枯澀乾燥。但是，上帝沒有偏心，乾旱土地蘊藏黃金⋯⋯。

　　1858年，菲沙河河畔的利盧埃特(Lillooet)發現黃金，開始了卑詩省的歷史，當時菲沙河低陸平原還是一片蠻荒之地，淘金客最初是從哈里遜湖、利盧埃特湖抄小路上去彭伯頓，再從彭伯頓順着山谷下來利盧埃特，稱為Lillooet牛徑。這條牛徑後來被卡里布(Cariboo)篷車之路取代，並且湮沒。

　　取代這條山路的卡里布篷車之路完全捨棄難行的菲沙河谷，而在利頓(Lytton)就改道湯普遜河谷，沒有直接進來利盧埃特。利盧埃特乾燥炎熱、偏遠及不容易到達，在這片海岸山脈背風面乾旱的深山，堪稱卑詩省的「大火爐」，卻想不到現在還有許多

Lillooet－卡里布淘金大道的起點。

原住民部落，白人相對不多，我很好奇，印地安人為何老愛挑選不宜人居的地方居住，而且在這種自然環境不佳的地方，白人所砍的、挖的好處都跟他們無關（指礦藏和林木資源），他們是靠什麼生活的呢！

內陸印地安人的草篷。

卡里布大道，淘金客一段段算里程

　　99省道在卡奇溪(Cache Creek)接上了從Hope上來的97號公路，已經下午2時了，走了360公里卻花了6小時。位於卡奇溪的帽子溪牧場(Hat Creek Ranch)是白人在菲沙河谷較早的開墾區，1860年建的，和內陸草原省分開始開發的年代相當！今晚預計住在距離溫市780公里遠的喬治王子城(Prince George)，還有420公里，不知何時才會到呢！

　　從卡奇溪、克林頓之後是百哩屋，進入卑斯省內陸高原，農牧人口

1860 年建立的帽子溪牧場。

紙漿工廠，在威廉氏湖。

也逐潮增多。百哩屋（100 mile house）是卡里布淘金時代的主要中繼站，現在是一個2千人口的大鎮。加國人少，在郊區只要有1千人以上居住的就算大鎮，幾萬人住的就算小城。

利盧埃特是卡里布（Cariboo）淘金大道的起點，50miles、70miles、100miles……，這麼多10miles都是從前淘金客算的，真巧，原來就是從我們剛剛經過最早發現金礦的利盧埃特起算，算到150miles好像就沒有再算了。

1862 年，因為在巴克維爾（Barkerville）找到更多黃金，幾萬個淘金客從美國翻山越嶺進入當時還是人跡罕至的卑詩，當時的殖民地總督詹姆斯·道格拉斯James Douglas（1851～64）深怕卑詩最終會被美國奪去，才興起了要建設卑詩省的念頭。是的，150哩就沒再算了，當初的卡里

蓬車之路從奎內爾入山。

布小徑原本從Hope祇修築到威廉氏湖（Williams Lake），修築商在當地正準備大賺一票，可是淘金客沒有停在威廉氏湖，他們在威廉氏湖之前的150mile屋就進入卡里布山了，威廉氏湖的發展得助於後來的紙漿工業。

3年後（1865年）一條可以容納馬車通過，從威廉氏湖延伸到奎內爾，再從奎內爾進入巴克維爾亦如前述的卡里布蓬車之路很快就被修建完成，取代了原來的羊腸小徑。

物資循水路，奎內爾主要轉運站

在奎內爾（Quesnel），貨物除了陸路外還可以選擇循菲沙河走水路進出，奎內爾於是成為當年卡里布淘金物資的主要轉運站。現在，當你從奎內爾走80公里進到巴克維爾這個歷史礦村，你會驚訝發現這個山區廢巷仍保留着150年前前人留下的歷史痕跡。每年夏天5～9月，都有附近居民扮演臨時演員為你重現當年風貌！

晚上八點，到喬治王子城（Prince George，簡稱PG）了！喬治王子城住了7萬5千人，有三座紙漿廠和兩所大學，是卑詩省北部第一大城，也是北部的重要交通樞紐，不過物價有點

巴克維爾歷史礦村。

喬治王子城有三座紙漿廠。

貴，而且治安聽說是全加國倒數的。

如果你車速不快，奎內爾或威廉氏湖離PG都各只有100～200公里的距離，而且都是個擁有1萬人居住的城鎮，非常容易安排食宿，你就不一定要在一日內從溫哥華疾馳780公里路趕到PG過夜。喬治王子城的名字源於英皇喬治五世的第四個王子。喬治王子城有兩條大路通往阿拉斯加，第一條是沿97號公路繼續北上去到阿拉斯加公路的起點：道森溪（Dawson Creek）；另外一條向西改行16號金髮公路到基特旺加(Kitwanga)，再北轉37號公路接上阿拉斯加公路的屈臣湖

(Watson Lake)。

進入大草原，麥田一望無際

大多數人都走97公路，比較遠但是路比較直，反而較快。翌日，一出城就看到此行的第一隻野生動物，是隻郊狼(或稱土狼coyote)，我以前不認識郊狼，後來才知道牠經常出現在市區的住宅區。接着，是一隻騾鹿(或稱黑尾鹿mule deer)，牠的特徵是一雙大得像騾子的耳朵，是洛磯山區四大鹿群中最容易看到的，那四大鹿群分別是：北美馴鹿、駝鹿、纓鹿和騾鹿，我們後來在途中都有看到過。在

「月亮灣」

Chetwynd 鎮。

攀過洛磯山途中經過「月亮灣」，像這種「月亮灣」在加拿大洛磯山很多！通過洛磯山脈分水嶺，養工處的「修路英雄」正在夏日趕工修路，冬雪若一到，所有工程都要停止！

從喬治王子城往道森溪要400公里，再454公里才會到Fort Nelson，我預算一天走完，但也可以分兩天慢慢走，在道森溪住一夜。離開喬治王子城，愈往北愈少人住，走了約300公里快到草原區，才遇到一個有2千多人口稍微像個市鎮的切特溫德（Chetwynd）。Chetwynd鎮上有幾十個戶外電鋸雕刻，讓人覺得她是一個藝術小鎮。Chetwynd也是以伐木為主，木材和紙漿是加國的出口大宗，據他們說：加拿大的森林砍100年都砍不完？那就繼續砍吧！

第二日午後，就到了道森溪。道森溪雖然位處卑詩省，可是卻在北洛磯山東側的背風山腳下，以草原農牧為主，距離亞伯達省的省會愛民頓（Edmonton）只有580公里半天車程，卻是在大溫哥華地區的1200公里以外，所以生活圈與愛民頓更近，而且從道森溪往東南方向開始，盡是一片起伏無垠的麥田，是的，我們已經進入大草原區了！

3 — 2

DAWSON CREEK，阿拉斯加公路起點

二戰時期，美國因應戰略幫助加拿大興建阿拉斯加公路，藉以聯繫本土 48 州，
至今仍然是陸路運輸的大動脈。

「開了兩天車，才來到起點！」道森溪Dawson Creek（km 0），阿拉斯加公路的起點。二次大戰時美國為了預防日軍繼珍珠港後再偷襲阿拉斯加，所以出錢出力幫助加國開闢了這條公路，使阿拉斯加可以經過此路和美國本土48州連接。

多數人煙罕至，
分五個路段投宿、加油

阿拉斯加公路從起點道森溪到終點Delta岔口(Delta Junction)原長1422英哩（2390公里），動用了1萬6千名官兵僅花8個月另23天就完成（從Delta岔口到費爾班克斯那一小段100哩路因早就存在故省略不算）。後來經過截彎取

直，阿拉斯加公路現長1387哩(2232公里)，我們這次也將沿著這條路一路

Way North，一路向北。

走到Delta岔口，再走到安格列治，看看要用幾天走完。但要注意的是，這條公路絕大部分地區都渺無人煙，特別是育空地區只有屈臣湖和白馬市等少數地方有住宿和加油站，所以將它先概分成5個路段，好掌握投宿和加油的地方，分別是：

1.從道森溪到Fort Nelson（454公里）；

2.從Fort Nelson到屈臣湖（530公里）；

3.從屈臣湖到白馬市（436公里）；

4.從白馬市通過美加邊境到Tok（638公里）；

5.最後從Tok到Delta岔口（174公里），再到安格列治或費爾班克斯或其他地方(若從Tok走托克捷徑到安格列治約528公里)。其中，從Fort Nelson到屈臣湖到白馬市之間都很難找到加油站，足可考驗你的汽車油箱的能耐。

也許你從PG上來不一定要去到道森溪，在Chetwynd有一條29號公路，可以經由和平溪水壩接上Fort St.John，Fort St.John介乎道森溪與Fort Nelson之間，在那一段和平溪山谷，沿途景色不錯，

阿拉斯加公路捨 Carcross 截彎取直，較原設計又短了 36 英哩。

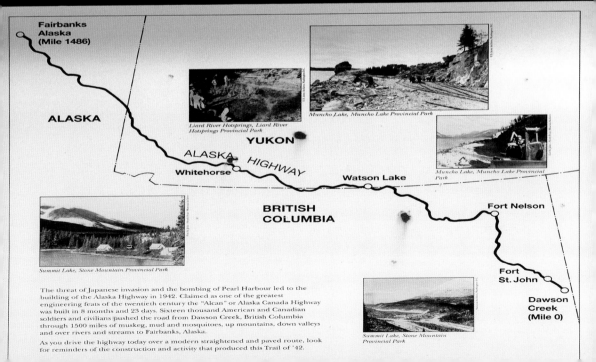

Alaska Highway

Fairbanks
Alaska
(Mile 1486)

ALASKA

YUKON

ALASKA HIGHWAY

Whitehorse

Watson Lake

BRITISH
COLUMBIA

Fort Nelson

Fort
St. John

Dawson
Creek
(Mile 0)

Liard River Hotsprings, Liard River
Hotsprings Provincial Park

Muncho Lake, Muncho Lake Provincial Park

Muncho Lake, Muncho Lake Provincial
Park

Summit Lake, Stone Mountain Provincial Park

Summit Lake, Stone Mountain
Provincial Park

The threat of Japanese invasion and the bombing of Pearl Harbour led to the building of the Alaska Highway in 1942. Claimed as one of the greatest engineering feats of the twentieth century the "Alcan" or Alaska Canada Highway was built in 8 months and 23 days. Sixteen thousand American and Canadian soldiers and civilians pushed the road from Dawson Creek, British Columbia through 1500 miles of muskeg, mud and mosquitoes, up mountains, down valleys and over rivers and streams to Fairbanks, Alaska.

As you drive the highway today over a modern straightened and paved route, look for reminders of the construction and activity that produced this Trail of '42.

和平溪的暮色。

路途也較近一些，途中會經過一個小鎮，名字很特別，叫：「哈德遜的希望」（Hudson's Hope），不知道她和以前從事毛皮交易的哈德遜灣公司有什麼關係。

在阿拉斯加公路的起點拍照留下一個記憶後，我們起程出發，第一站：Fort St.John（km 75），當地因為發現了石油，是個很新的市鎮，也是加國人口增長最快迅的市鎮，目前人口約6萬，有很多商業，也有很多旅館。從Fort St.John朝北再往Fort Nelson，很多時候路都很直，也有不少陡坡，近山處則多為森林，其中最長最陡的要算自殺坡（Suicide Hill，km 148）。在自殺坡之前，有個地方叫粉紅山(Pink

Mountain)，聽說有一種很罕有的蝴蝶
叫北極蝴蝶(Arctic butterfly)，我們找不
著牠，問了阿伯他也說不知道，他正
趕在入冬之前要修好他的房子。

卑詩省北方最後大站，
Fort Nelson 方圓三百里無人烟

　　8月下旬，山區已經開始飄雪，
今晚住Fort Nelson（km 454）。在以前
沒有阿拉斯加公路之前，Fort Nelson可
也是個起點，是卑詩省北方最後一個
大站，現在人口約4千人，以木材和
天然氣為經濟來源，附近幾百里都沒
有住的，離最近的Fort St.John也有360公
里之遙，明日去Watson Lake走山路要

亂石山 (Stone Mountain) 公園。

530公里，若趕到白馬更要多436公里路程，因此，無論你在前面走得多快或多慢，最好都要住在這兒。不過，Fort Nelson旅館不多，最好先行預訂。

阿拉斯加公路因其為美軍全資鋪建，故在戰後移交加國政府以前都曾有美軍駐守。現在該公路在卑詩省境內已併入97號省道，在育空境內則稱為1號公路，而在美國國境則名為2號州道，一條公路有三個番號。與那同時，一條自Fort Nelson往北通往Fort Simpson和西北領地的利雅德公路（the Liard Trail）同時興建，最遠可以走到著名欣賞北極光的黃刀市，但更偏僻，

路不好走。

啥？產油地區的油價要1.559加元（當時溫哥華每公升為1.359加元），和不產油的育空內陸一樣貴！但離開Fort Nelson之前，你一定要將油箱再加滿。開始入山不久，便來到峯湖

阿拉斯加公路曾有美軍駐守。

滿州湖漂亮的彩虹。

美洲馴鹿 caribou 在你身邊嬉戲。

石綿羊獨特的大角。

美洲野牛橫行霸道。

Summit Lake（km 598），海拔1295公尺，是全段阿拉斯加公路的最高點，雖然是公路的最高點，卻不是大陸的分水嶺，分水嶺是在明天才會到達的卡西亞山脈，但峯湖地勢很高，附近有好幾條登山路線，是健行人士的最愛。

洛磯山脈古時候白人稱之為亂石山（Stone Mountain），後來才改名為洛磯山。洛磯山脈來到此地已是強弩之末，山不算高，卑詩省保留此區仍用舊名「Stone Mountain」作為這個省立公園的名稱，前面過了利雅德河後就是馬更些(Mackenzie)山脈，她將接力向北延伸，接上理查森(Richardson)山脈直伸北極海。請注意，路標上「Mile」（英哩）是美軍初設時的舊里程數，後來加國重新修建及截彎取直之後，用「km」（公里）計算的里程便縮短了，所以兩者的真正里數不是用計算機計算轉換的。

Stone Mt. 省立公園，活像野生動物園

過了峯湖不遠，你所看到的U型山谷，百萬年前是在海底，隆高後復被冰河侵蝕而成現狀，是處珍貴的地理教材。Stone Mountain省立公園活像一個超大的自然野生動物園，只需要坐在車上就可以看到很多野生動物，除了白色長毛的一般山羊(mountain goat)之外，還有北洛磯山區所特有的大角石綿羊(Stone sheep)，牠是北美洲兩種珍貴的薄角綿羊(Thinhorn sheep)之一，有著石褐色的身體和一對獨特的大角，其白色頭部又與我們在洛磯山南部時常看到全身棕色的大角綿羊(Bighorn sheep)有明顯差別；此外，美洲馴鹿（caribou）也聯群地在你周邊嬉戲。

什麼？Regular汽油每公升要賣到1.999元加幣？現在你知道Fort Nelson的

油貴一點也不奇怪吧！但在崎嶇漫長的山路有人能夠提供熱食和油料補給，算是「佛心來著」！Toad River Lodge（km 648）是公路上最早期的民宿之一，可是每公升1.999元加幣，對不夠油的旅人來說簡直是個懲罰！希望你的車子一缸油能夠撐530公里到屈臣湖。

滿州湖（Muncho Lake，km 704）是阿拉斯加公路卑詩段最美麗的景點，也是當初興建時最艱鉅的地方，因為美軍要從懸直的斷崖切割石壁，填平湖邊始能通車。Liard溫泉（km 765），在利雅德河畔，是當年美軍的最愛，也是現在遊人必停之站，熱呼呼的泉水為人驅寒也洗滌一天的疲勞！

會合溪(Contact Creek，km 912）是當年東西兩線交會的完工處，但現在沒有多少東西留下……。天有不測的風雲，山區天氣詭譎多變，且慢，在快到育空邊界，沿路有很多美洲野牛（「拜神」bison）。美洲野牛曾是北美洲數量最多的動物，當歐洲人第一次踏上北美洲土地，看到漫山遍野都是美洲野牛，後來野牛幾乎被獵殺殆盡，現在祇有在少數野地，才能看到野生的野牛。看見這些「拜神」橫行霸道地自由行走，壯觀程度不輸黃石公園，喜出望外，心想真的不虛此行！在這段攀回洛磯山的山路要停下來欣賞的地方真不少，今晚實在沒有理由不住在屈臣湖。

鬥牛？

3—3

進入育空，感覺一切未開發

育空特區（Yukon Territory）在加拿大卑詩省之北，面向北極海，是一片完全未開發的處女地。初秋，紅苔地衣染紅了整片北方大地。

　　進入育空，從Fort Nelson花了8個小時才來到屈臣湖（Watson Lake，km 976），當地人口只有800人，卻是育空第三大鎮。然而，這裡最有名的不是湖，而是始自一位築路的美軍思鄉把家鄉的路牌和距離掛在樹上，引起其他人起而效法，便成了全球第一個「路標森林」（sign post forest）。至今，各國各類路標路牌總數已近8萬個，其中有好幾塊是台灣朋友帶來的，下次你最好也帶一支油性筆來在中文路牌上簽個名！

諾大的卡西亞山區，祇有印地安居住

　　很久沒有再遇到原住民，在屈臣湖鎮外有一座利雅德村，住著一些遊牧的kaska族人，他們被認為是Tahitan和Tagish（塔吉什）的分支，說Athabascan(阿薩巴斯卡)語，氏族名稱為烏鴉和狼，母系社會，他們三族都

37號公路岔口。

被歸為Nahani（那哈尼）族。

　　離開屈臣湖鎮外20公里處就到了37號公路岔口，就是自喬治王子城往西循16號金髮公路接37號公路上來

世界最早最大的路標森林。

的，大家回程時可走這裡，路程短約100多公里，但是路面彎曲較不好走，到喬治王子城也得走上兩天。在此提醒，屈臣湖是個小鎮，只有幾間沒有加入連鎖的旅館，務必要及早張羅住宿。

卡西亞(Cassiar)山脈介乎海岸山脈與洛磯山脈之間，是這段大陸的分水嶺，當攀過分水嶺後，東邊的河流向馬更些河流入北冰洋，而西邊的都流向育空河流入白令海。過了隘口第一個遇上的漂亮的山是在南邊的辛普森峯(Simpson Peak)，高2170公尺，以早年

在此地區探險的Scott Simpson為名，百萬年前是個海底火山。

第二個遇上的是阿拉斯加公路上最長的橋（584公尺）── km1242 Nisutlin(尼蘇林)橋，Tlingit族的Teslin部落就在橋頭。Tlingit(特林吉特)族是海岸地區最強大的印地安大族，勢力延伸到內地，「Teslin」字源於Teslintoo，意思是指狹長的湖。諾大的卡西亞山區，就衹有那幾支印地安部族居住。育空特區（Yukon Territory）在卑詩省北面，面向北極海，是一片完全未開發

Simpson Peak 以前是個海底火山。

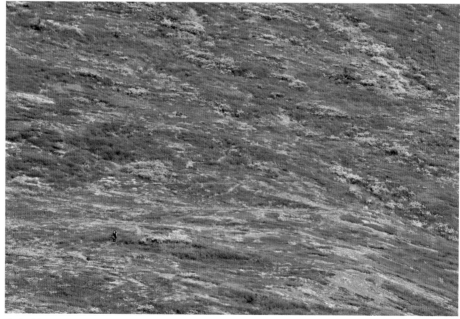

育空秋色。

的處女地，因為人口太少所以目前還未升格為省。初秋，紅苔地衣染紅了整片北方大地。

出發第4天，離家2600公里，終於到了白馬市。白馬市（Whitehorse，km 1420），人口約2萬3千人，是育空特區的首府，也是阿拉斯加公路沿線人口最多的城鎮。沒錯，人口只有2萬，不是20萬！育空有台灣13倍大，全部人口才不過3萬4千人。白馬市的興起全靠科朗迪克(Klondike)大尋金熱湧進人潮，後來阿拉斯加公路完工，奠定其為進入育空和阿拉斯加陸路必經之路。

白馬的名稱源於市區東郊邁爾斯(Miles)峽谷有處急流，水勢猛烈捲起氤氳的水氣猶如白鬃烈馬而得名。但

Teslin 部落的小船。

Nisutlin 橋。

該地現已興建水壩作發電站，白馬急流已不復在。白馬市經常是加拿大觀賞北極光旅行團的熱門推介，與黃刀市(Yellowknife)齊名，祇因黃刀市遊客較多，住宿的地方不夠，所以行程較貴，來白馬市看北極光的團費相對便宜。但是白馬位在極光帶邊緣，加上較近海岸雲比較多，除非當晚極光活躍，看到極光的機會和強度皆不如黃刀理想！

白馬市只有兩條聯外道路，一條是南北向從史凱威通往道森市(Dawson city)的2號科朗迪克公路，另一條就是我現在走的1號阿拉斯加公路。白馬市離費爾班克斯約980公里，還有1165

白馬市和育空河。

公里才到安格列治，所以我們沒在白
馬多作停留，趕往Haines岔口過夜，在
Haines岔口附近有3個大湖，都是拍攝
晨昏和欣賞北極光很好的地點。

離開白馬市朝美加邊境（Alcan）
進發，沿途開始人稀車少，看到最多
的是RV大休旅車和工程車。海恩斯岔
口（Haines Junction，km 1579），住了近
600人，在育空算是人口很多的了，那
座位於鎮前顯眼的天主教聖母教堂，
當年是為了服務築路的美軍而建。

Haines岔口，顧名思義是一個交
岔路口。在Haines岔口，你不能不稍微
停下腳步，因為在Haines岔口有條岔

路——海恩斯公路，通往史凱威的對
岸——海恩斯(Haines)，就是我倆上次
坐郵輪時在史凱威錯過沒有參加上岸
旅遊去看熊的地方，這次我們花點時
間轉進去看一看。

海恩斯有老鷹聚會，還有棕熊聚餐

從Haines岔口到海恩斯大約246公
里，途中經過克盧恩（Kluane）國家
公園和隸屬於卑詩省的「塔山雪蓮-阿
爾塞克」(Tatshenshini Alsek)公園，越過
「超凱」Chilkat隘口，經過美國海關
到達海恩斯(時鐘需要撥慢一小時)，

這裡會從隘口的亞極帶苔原地貌一下子變成溫帶雨林，在「超凱」Chilkat和「超酷」Chilkoot這兩個河谷，分別是觀看俗稱「老鷹聚會」和「棕熊聚餐」著名的的地方。每年11月，Chilkat河谷將會有3、4千隻白頭鷹（Bald eagle）雲集這鷹谷吃魚，蔚為自然奇觀；至於隆冬初春之際，也有約400隻白頭鷹定居，不會讓賞鳥者失望。

海恩斯是被公認為最容易觀賞到熊抓魚的地方。每年這裡，最好吃的紅鮭（Sockeye）6、7月就會洄流；8月是粉紅鮭（Pink），9月下旬就剩銀鮭（Coho）。到了11月，還是會有狗鮭（Dog salmon），棕熊食物不虞匱乏。可是，這裡的熊因為都被追蹤研究，所以脖子上有個脖環，拍起照來不夠好看。

海恩斯值得多停兩天，或者你可以連人帶車坐內河道渡輪航線到史凱威再駕車返回白馬，從白馬市、Haines岔口、海恩斯、史凱威再回白馬構成一個560公里的黃金三角旅遊行程。我們在《育空極地大冒險》的書中先後在初春和金秋都有帶大家走過一遍，非常秀麗，可是這次我要趕路，在海恩斯停留一個晚上就必須返回Haines岔口，只能放棄坐渡輪到史凱威。

第7天，回到加國車稀人少的阿拉斯加公路，我們沿Wrangell和St.Elias山脈北邊山谷繼續往西前進，相對於郵輪的航線剛好是在St.Elias山脈的背面，Haines岔口離西邊的阿拉斯加邊境還有約324公里，甚少人車彷彿整條公路都是你的。

克盧恩（Kluane）湖是通往美加邊界途中另一個美麗而又很大的湖，充滿清幽孤獨之美，但是拍攝湖邊那條S型漂亮彎道想等到有一輛車經過搭配畫面真不容易。嚇人，在高速馳騁中遠遠看到修輪胎的廣告旁邊放了一部警車紙板，怎不令人冒把冷汗！那是接近毀滅灣前看到這段路上唯一的一家修車店。

km 1685，毀滅灣（Destruction Bay）

白馬急流如白鬃烈馬。

綺麗迷人的海恩斯。

白頭鷹時常被烏鴉驅趕。

小心熊出沒！

來，親一個，寶貝！

清幽孤獨的 Kluane 湖。

的「毀滅」，是因為當初築路時遇上一場冰風暴，重創了當時的營房。這昔日美軍修護軍車的舊營區，現在住了6、70人，都是South Tutchone族(Kluane的支族)印地安人。

靠近美國邊界，
路面顛簸像坐雲霄飛車

　　Burwash Landing（km 1701），最早在1900年代初，有對Jacquot兄弟在這美麗的克盧恩湖畔開設了一個貿易站，服務當時來此地探險的登山客和淘金的尋夢人。1992年一場大火，這裡只燒剩教堂和一座博物館。現在，博物館仍收藏著一對1萬8千年前長毛象的象牙和Kluane族的文物，登山探險的服務仍然持續，但北地絕大多數的服務，只在5月中到9月初開放。

　　愈接近邊境，海拔愈高，地下的凍土層把每年重舖的柏油路面弄得起起伏伏、顛顛簸簸像坐雲霄飛車。靠近海狸溪，我沒看到有兩根大門牙的海狸（beaver），卻意外地看到一隻北美水貂（American mink）。

　　北美水貂是鼬科種物，北美鼬科種類繁多，包括河獺（River otter）、海獺（Sea otter）、金剛狼（Wolverine）、美洲獾（Badger）、鼬（Weasel）、美洲貂（Marten）、魚貂

（Fisher）……等。水貂很像河鼠，用貂皮做的大衣最名貴了，是毛皮商人交易的極品。

海狸溪（Beaver Creek，km 1871），是加國最西端的邊疆村鎮，人口約100人，多半是白河族人，有簡單的食宿服務，也有阿拉斯加公路上每個小村最容易辨識的教堂作為地標，這些教堂都是為了當時築路的美軍而設，現在都門可羅雀。為了節省關員交通時間，加國的海關就設在距離邊境尚有32公里的海狸溪村外，全年24小時服

這個廣告讓人冒把冷汗！

務。到了阿拉斯加邊界(km1903， Mile 1221)，離開溫哥華的家已經約有3100公里遠。(後頁：9月初的Pickhandle湖已準備換上冬天的顏色。)

《Alcan 初雪》

海狸溪的北美水貂 American Mink。

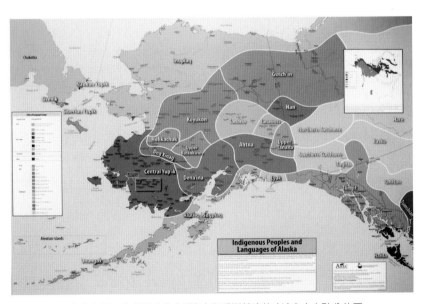

在 Iñupiat 文化中心展示的印地安族（暖色）和愛斯基摩族（冷色）大致分佈圖。

3—4

探索阿拉斯加，是終點也是起點

前州長裴琳把從邊境算到 Fairbanks 這段 AK–2 號公路，立法稱為紫心之路，以表彰其歷史戰略意義；踏進美國，隨即感受兩國不同的民情。

⚓

阿拉斯加公路若從道森溪計算到費爾班克斯(Fairbanks)，現長2396公里，其中1903公里都在加拿大國境，只有493公里是在美國境內。阿拉斯加公路美國段被命名為AK-2號公路，是因為存在一條年代比她更加久遠的公路，就是從海邊的老港Valdez經過Delta岔口一路通往Fairbanks的舊淘金路線：Richardson古道，所以原本的阿拉斯加公路祇須蓋到Delta岔口為止。

來到 Tok 小鎮，
是個岔口也有很多景點

2008年，前州長裴琳把從邊境算到Fairbanks這段AK-2號公路，立法稱為紫心之路（The Purple Heart Trail），以表彰其歷史戰略意義。紫心源於紫心勳章，專頒給戰爭有功或受傷的軍人。所以，今日的阿拉斯加公路一般都以Fairbanks為終點。過了邊境，山區下了一陣小雪。

西出溪關無故人？離開加國進入美國，除了時鐘需要撥慢一小時（多了1小時可用）之外，兩國民情也出現了微妙的轉變，加拿大人和藹、樂

《絕不相讓》

於與你分享北地故事的友善態度，在人口眾多的美境較少看到。

來到邊陲小鎮托克(Tok)，阿拉斯加公路已近尾聲。Tok，土語的意思是：水。美國比加拿大人多，每個地方都有很多人住，因著阿拉斯加公路而興起的小鎮Tok也住了1200多人，其中八成是白人，我們在Tok借宿一宵。

Tok（Mile 1312）也是一個交岔路口，Wrangell山脈和阿拉斯加山脈剛好就在Tok南面的峽谷交接。往北，走Taylor公路(AK-5)可以去到昔日的淘金小鎮Chicken和Eagle，Taylor公路更可北接上加國的世界之巔(Top of the World)公路通到道森，這條公路在秋天非常精彩(祇開放至9月中)。往南，二戰後有一條捷徑從Tok建往Richardson古道連接Glennallen，不用多繞路再經Delta岔口，大大縮短了安格列治與加拿大約190公里的距離，這段長201公里的捷

托克捷徑。

Taylor 公路在秋天非常精彩。

Chistochina 是捷徑上的一個 Ahtna 傳統村落。

徑，稱為：托克捷徑(The Tok Cut-Off)。

　　循着托克捷徑往南面約60哩有一個Mentasta湖，是個觀鳥的好地方。那裡沒有幾戶人家，只有一家旅館。再往南面一點點，是Wrangell-St.Elias國家公園的北面入口Slana，那裡已經到了銅河河谷，可以朝東南方向欣賞到Wrangell山脈北部群峰的偉景。那個Slana入口，其實是一條昔日採礦的爛路，通往一個已廢棄的「鬼礦」Nabesna，路上完全沒有任何「公園」的設施，不過，在Slana路旁有家客棧

自1928年就存在，被列入美國國家史蹟，可以觀賞晨光灑在Wrangell群峰峰頂的美妙景色！但是我們等以後有機會再去。翌日，我們從Tok繼續阿拉斯加公路的行程，沿著Tanana河谷下山續往Delta岔口，才剩下174公里，就快要走完全程。

走到阿拉斯加公路的終點，
該慶祝一下

　　出發第8天，到了Delta岔口（Mile

1422)。三千里路雲和月,總算到了阿拉斯加公路的終點,卻也是探索阿拉斯加的起點!若從溫哥華出發起算,離家剛好3400公里,是不是該慶祝一下呢!

Delta岔口位於Delta河與Tanana河的交匯處,現人口約1千人。在Fairbanks和Circle淘金那個年代只是一個中繼站,1900年代有很多人像Sullivan兄弟為了服務淘金客,在淘金古道沿線設置了許多個路屋(roadhouse,或稱驛站),因而大發利錢,直到1920年代汽車興起,旅客呼嘯而過,那些路屋才遭廢棄,剩下獵人和登山客偶爾使用。在Delta岔口,現存保留最好的如Sullivan兄弟、或是由Rika當年所經營的路屋,現皆改作為博物館。

旅程還未結束,更多更精彩的路途還在後頭。來到Delta岔口,你可以選擇北上先去聖誕老人居住的Fairbanks(164公里)、循理查森公路一路南下到老漁港Valdez(428公里),或者在Glennallen轉往安格列治(545公里),都是一天以內的車程。

聖誕老人住在北極村。

在 Wrangell–St.Elias 國家公園的 Slana 北入口。

Delta 岔口 — 阿拉斯加公路的終點。

《一樣的月光》，在樺木湖。

3 — 5

RICHARDSON古道，貫穿綺麗緻景

20 世紀初，為了運輸 Fairbanks 黃金需求，1908 年，理查森 (P. Richardson)
上校才奉命擴建行人小徑讓馬匹通過，並以其名為名。

⚓

理查森(Richardson)公路前身是1898年代Klondike淘金熱原來就有的古老步道，也是阿拉斯加最早的一條山路。1902年，Fairbanks也找到黃金，為了運輸需要：1908年，理查森(P.Richardson)上校才奉命擴建行人小徑可以讓馬匹通過，並以其名為名。

在Delta岔口，如果你選擇北往，那麼，Tanana河就會沿著公路一路伴你去到Fairbanks，沿途湖光山色，你會喜歡。那年中秋，我倆就在Tanana河的樺木湖邊(Birch Lake)度過，還應節享用從溫市帶來的雙黃白蓮蓉呢！在千里遠的荒郊野外品嘗家鄉食物，別有一番滋味在心頭。

Richardson 公路上 3 條岔路，都有綺麗風光

《北極魔女》，在 Tanana 河。

Fairbanks位於極光帶的正下方，是欣賞北極光著名的地方，所以無論在阿拉斯加公路或是在理查森公路上，只要在雲層不太厚的夜晚，在空曠的地方或任何湖邊抬頭北望，幸福的極光都會飛舞在你的眼前。但是北地人少，若你想找間有亮光的木屋當前景，可就要多付點錢去珍納(Chena)溫泉度假村了，那裡還有一座冰宮博物館，酒杯還就地取材用冰塊雕成的呢！喔，對了，聖誕老人不是住在Fairbanks，而是住在Fairbanks東邊20公里處的小鎮，那個小鎮，名字就叫：北極（North Pole）。

由於我們要先去安格列治，所以選擇往南，必須穿越阿拉斯加山脈。路上看到很多騎單車的背包客，也真佩服他們夠腳力騎單車走天涯，在北地，天大地大，不知道要騎到何年何月！理查森公路現已被更新編為AK-4號公路，長368英哩(Delta岔口就位在Mile 266哩數處)，其中有3個主要交岔路口，每條岔路都有綺麗風光：第一個在Paxson（M 185），連接迪納利公路（AK-8），這條AK-8碎石路以前在Parks公路未建造前是去迪納利(Denali)

不知道要騎到何年何月！

第一個岔口進入 Maclaren 高原，若在秋天非常漂亮。

麥克拉倫 (Maclaren) 冰川。

園家公園必經之路，只在夏日開放。第二個在Gakona（M 128），就是之前介紹過的托克捷徑另一端路口，這一帶有很多Ahtna部落，現在是遊玩銅河河谷的旅遊勝地。第三個？……嗯，我們先去欣賞迪納利公路再說。

　　從迪納利公路（AK-8）進去的麥克拉倫（Maclaren）高原倚在阿拉斯加山脈南麓，從前是Ahtna人狩獵謀生之地。1907年在山谷裡面的Valdez溪找到黃金，往來嘈雜的篷車聲曾響徹長空，1953年新建成的碎石路又成為去Denali必經之路，直至入園之路被Parks公路取代，高原才恢復百年前的寧靜。但是今非昔比，公路現已很少使用和甚少保養，由於該地獵殺嚴重，平原上的大型哺乳獵物所剩無幾，但不失為重要的賞鳥勝地，阿拉斯加州容許打獵，因而你不知道迎面而來穿迷彩軍服的人是敵是友？是愛護動物的人還是殺戮獵人？

　　迪納利公路長271公里，在晴朗的日子，向西遠望可以看到迪納利山，沿途景色迷人，特別在金秋季節，高原上染滿鮮紅，稍不留神就會被美景吸引過去，難怪有輛車子半翻，費了好大工夫才將它給弄上來。迪納利公路上有3個較大的冰川遠遠掛在北邊

的阿拉斯加山脈上，較有名的叫麥克拉倫(Maclaren)冰川；也有幾家服務親切的旅館提供膳宿，但祇限在夏日開放，最佳的拜訪時間是在9月。

8天7夜，開到安格列治

　　理查森公路第二個交岔路口在Gakona（M 128），是托克捷徑岔口，通往Tok。Chistochina是在這條捷徑上幾個Ahtna傳統村落之一，在淘金的年代有白人在此開設了一間路屋，為Valdez去Eagle的淘金客提供食宿服務，這些服務至今仍然維持著。銅河河谷現在多了很多農戶，沿途有很多郵箱。

　　第三個交岔路口在葛蘭納倫Glennallen（Mile 115），美麗的葛蘭(Glenn)公路是通向安格列治三條大道之一。葛蘭納倫(Glennallen)是兩個築路美軍工程師H.Allen和E.Glenn的名字合稱，阿拉斯加州後來的建設主要是作為軍事用途，故道路和設施多由美軍建造，至今，廣闊的阿拉斯加大地仍有很多空軍和飛彈基地。葛蘭納倫的美是因為她是銅河河谷的旅遊重鎮，也是進入Wrangell-St.Elias國家公園的門戶，在銅河河邊欣賞Wrangell-St.Elias群山，和我們在郵輪上所看到她另外的

第三個岔口在銅河河谷。

格列治，這條Glenn公路一定會再來，還會將理查森公路走完，一定要將阿拉斯加所有10條大路都走上一遍。

進到安格列治和上次坐郵輪來的地方，庫克船長已經在「決心角」久候，決心角（Resolution point）位於安格列治第三大道西端，緊臨庫克水道(Cook Inlet)，在晴天可以遠眺迪納利山，不過馬蘇(Mat-Su)山谷朝南多雨，年內看到北美最高峰的日子沒有幾天。

8天7夜，4千公里路途，從溫哥華開到安格列治，如果途中不是在海恩斯多繞了兩天，我想，如果下次再來，趕一點的話，6天應該足夠！

庫克船長已在決心角久候。

一側，真是大異其趣。

走到這裡，我們已經遊覽過阿拉斯加東側的部份，為了配合旅遊路線方便介紹，我們先從Glenn公路跳往安

《庫克水道》

Chapter, 04

半島遊踪
基奈風光更勝冰河灣

基奈不止只有冰爆、可以釣大魚；還有殺人鯨、座頭鯨、海獺、海獅、海豹、海鴉、海鸚、海鸕鷀⋯⋯等海上居民，樂於和你做朋友。

阿拉斯加要怎麼玩？往東，你可以循我們走過的 Glenn 公路探訪 Matanuska 冰河，深入 Wrangell–St.Elias 國家公園尋幽訪秘。

往南，基奈半島上的 Seward、Soldotna、和 Homer 都是釣魚的好地方。基奈峽灣 (Kenai Fjords) 國家公園比冰河灣更勝一籌，裡面有更多冰爆和大家很喜歡的海洋動物。

往西南方向，坐趟小飛機飛越阿留申 (Aleutian) 山脈，Lake Clark、Katmai、Aniakchak 和 Cold Bay 等四個國家公園都是熊比人多，但那裡都沒有公路可到，去一趟所費不貲！

往北，駕車穿過阿拉斯加大陸本土直闖北極海，Denali、Fairbanks⋯⋯都是耳熟能詳的名字。巴羅是美國最北端的鄉鎮，是愛基斯摩人的故鄉，看我們如何在極地找到北極熊，如願以償！

我們先往南，逆時鐘玩一圈！

Barrow

ALAS

育空

Denali

安格列

Ho

Katmai國家公園

基奈峽灣，海洋生物讓你一次看個夠

進基奈峽灣國家公園，坐遊船才過癮，沿途冰川轟隆不停，海獺、海豹、海獅、殺人鯨、座頭鯨——現身，讓你一次看個夠！

又回到我們坐郵輪時入城的Sterling公路(AK-1)，恰巧有一列阿拉斯加貨運列車經過，回頭灣(Turnagain Bay)就在車子的南側，它把基奈半島與阿拉斯加大陸隔開，庫克水道(Cook Inlet)當進入安格列治分岔成為南北兩個小灣：回頭灣和Knik灣，如同兩隻手臂環抱安格列治，是庫克艦隊當時在此找不到往北通道必須回頭時命名的。回頭灣的潮汐素負盛名，高低潮差可達1.8公尺，在退潮時海灣只剩下泥灘，幾乎走路可以走到對岸，可是潮漲來得又快又急，此刻海灣又容得下鯨魚，所以無論潮漲或潮退，一律嚴格禁止遊客下水。

站在1964年耶穌受難日大地震被滅村的波特治(Portage)村前，望向基奈山川，令人驚訝的不祇是那次9.2級有史以來第二大地震所造成的傷害，而是看到冰川日形消瘦，奄奄一息的模樣。在波特治往惠蒂爾方向進去中間有一個波特治冰川，是安格列治市區觀光最近到達的冰川，從前在遊客中心就可以看到的波特治冰川，現在要坐遊覽船進去

Turnagain 灣潮水落差可達 1.8 米。

才看得見。

很多人從郵輪下船就朝安格列治或往北去迪納利公園，原來在基奈半島往南的燕鷗湖岔路（M 90，AK-9公路）走37哩下去的Seward，更加別有洞天讓人喜出望外。

施華德（Seward），北緯60度，自命：「阿拉斯加，就從這開始」。1903年J.Ballaine受命帶了83人來此建造通往中部的阿拉斯加中央鐵路，他爭取到該鐵路的起點站以「Seward」名字命名，當時阿拉斯加已有兩個地方叫Seward，一個在海恩斯，另一個在Bristol灣，都是為了歌頌那位極力促成美國購買阿拉斯加的美國國務卿施華德（W.H.Seward）。但阿拉斯加鐵路（ARR）因資金不足，經過兩度易主最後由政府接手，1923年哈丁總統親臨剪綵，從Seward到Fairbanks建造了20年的鐵路才全線通車。

Seward好玩的地方，是她鑲嵌在北太平洋沿岸的冰川大山西側，附近也有好幾條被冰河雕琢過的冰河

Seward 夏天一宿難求。

基奈峽灣入口的 Holgate 冰川。

看見聖母瑪莉亞？

峽灣（fjord），都是源自基奈半島上哈丁冰原，那是美國僅存的四個冰原之一。哈丁（W.G.Harding），就是為阿拉斯加鐵路剪綵的那位美國總統，他回程時曾過境溫哥華，因勞累在舊金山途中病逝，所以現在溫哥華市史丹利公園還立有他的銅像。但與溫哥華市關係密切的哈丁，卻被評為美國史上最差的總統之一。

　　遊覽基奈峽灣（Kenai Fjords）國家公園，除了海釣之外，遊船旅程是最受遊客歡迎的項目，航程由6小時至9小時不等，票價約149～184元，不含9%旅遊稅，但包含中午簡餐，可以讓你從早上玩到下午6點回來再吃晚飯。我們參加了最熱門黃色的那條基奈峽灣航線。

　　在Seward所處的復活灣（Resurrection Bay），出海不遠即見到一個修長的冰川：Bear冰川，半天的

航程祇到這裡。出了海口繞過Aialik半島才到了基奈峽灣，靠近入口的Holgate冰川從山上直伸向海面，有一艘遊覽船正在駛進去。再裡面一點的是Pederson冰川，她和前一個Holgate冰川長得很像，但是這個冰川進不去祇能遠望。

冰流如崩堤的淚水，是低鳴是痛泣

　　基奈峽灣國家公園總共有8個潮水型冰川，其中最著名就是的阿亞里（Aialik）冰川。和我們坐郵輪去過的冰河灣國家公園一樣，阿亞里冰川也有冰爆，而且較大型的遊覽船船上也有園管員隨船解說，不過基奈峽灣海水不夠深不能讓郵輪進入，目前遊船服務主要有兩家規模較大的公司經營，不算太難訂位。

　　雖然大郵輪船不能進入，我們坐小遊覽船參觀其實角度更好，

我看見冰壁下有一塊直立的冰堡好像聖母瑪莉亞，或者是媽祖顯靈？轟隆隆~~隆隆~，這次任誰也救不了，是不是很刺激的呢！阿亞里冰川不像冰河灣那個瑪加烈冰川那麼安靜，任由船長三催四請都無動於衷，她沒十幾分鐘就會轟隆一次，轟得你心驚肉跳。船長說他服務了4年來，冰川已經後退了很多，當時前面那塊大石頭還未完全露出來。

　　基奈峽灣比冰河灣親切而且較容易進入，僱一艘小艇划向基奈峽灣，你不需要在曠野放歌！峽灣內

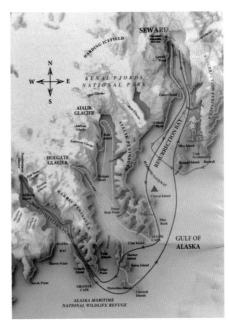

基奈峽灣（黃線）和西北峽灣（藍線）可玩整天。

Bear 冰川就位在復活灣。

冰流猶如崩堤的淚水。

有很多海上居民，很樂於和你做朋友。由於意猶未盡，翌日我們每人再花了200美元，參加更遠的西北峽灣（Northwestern Fjord）航程（藍線），想看到更多海上動物。

西北峽灣的冰川比基奈峽灣多更多，在南岸依序就有陽光冰川、西南冰川和Anchor冰川。至於北岸，受到陽光直接曝曬，Harris半島上的許多冰川已經逐漸萎縮，都逃不過消退漸盡的命運。

西北峽灣遊程的目的站是裡面那靠在一起的西北冰川和紅石冰川。今天的船長較貼心也較有經驗，會不斷轉動方向滿足客人不同角度的需求，他說20年前那左邊較低的西北冰川和那中間較陡的紅石冰川是連在一塊直伸到灣口這船

西北冰川冰爆的規模很大。

都快要亡種，不要再打了！

的位置來的，現在各自分開距離愈遠。忽然，又聽到轟隆隆～～轟隆隆～～，這次轟隆的源頭不是在海面上，而是遠在高高的Olive山上，冰沙墮落像條流水，是名副其實的冰河。冰流猶如崩堤的淚水，是低鳴，是痛泣，是臨終掙扎的狂吼……。

基奈峽灣國家公園的冰川比以前知道的冰河灣國家公園壯觀得多，而且冰爆次數頻繁。轟隆隆～～！這一次西北冰川冰爆的規模更大了，讓人目定口呆，也更讓人擔心人類沒疼惜地球，飛機船車

都排放太多廢氣，阿拉斯加的冰河退卻速度非常迅速，要看得快，否則終成絕響……。

Seward好玩的地方之二：在基奈峽灣除了欣賞潮水型冰川外，你可以很近地觀賞到各類海上居民在冰河峽灣玩耍休憩的畫面，這在冰河灣的郵輪上都只能用望遠鏡遠遠眺望。你看，一大群海獅正在岩石上曬太陽。海獅一夫多妻制，喜歡一個大家庭定居一處生活。公獅個頭很大，妻妾幼少都受到公獅保護，不過公獅很少出外覓食，全家都靠眾母獅合力供養。海獅通常喜歡晚

上覓食，白天在岩石上擺懶，稱為
「haul out」。

海獅、海豹、海獺、座頭鯨，
最佳獵鏡對象

此時，一隻母海獅正要表演跳

輕公獅決定自立門戶，正在爭奪地
盤。經驗豐富的船長很窩心，盡量
靠近讓我們都能夠拍到美照。
　　一隻公海豹打架受了傷，母海
豹在旁依依不捨！不同於海獅，海
豹（Seals）比較喜歡獨自生活。海
豹沒有耳朵只有耳洞，而且前鰭較

海獺聚在一起休息，稱為 「筏」(rafts)。

水，可以看到海獅耳洞上明顯有個
耳閂，像這種Steller sea lion最近30年
數量逐漸減少，讓自然學家非常擔
心！都快要絕種，不要再打了！年

短，在陸地上幾乎是靠肚子爬行。
海豹豐富的脂肪不只是北極熊的最
愛，在這一帶居住的Alutiiq原住民就
最喜歡用海豹油點燈。

海獺（Sea Otter）是每個冰河峽灣裡最可愛的住客，牠是最小的海洋哺乳類動物，成年海獺4、5呎長，重約80磅，但每天可以吃下1/4體重的食量，牠很聰明，懂得利用岩石打開海膽和各種甲殼類動物。雖然海獺是各自獨立生活，但太多！海獺每天花很長的時間美容和獵食。由於海獺毛密是很好的皮草材料，故早年獵殺過度，1911年禁獵後數量才趨穩定。海獺是一夫多妻，每年繁殖期在9～10月，雄海獺會劃好地盤等待母海獺登門投懷送抱。

在基奈峽灣，座頭鯨（Humpback

公海豹打架受傷，母海豹依依不捨！

在非繁殖期間，雄海獺和雌海獺會分別各自聚在一起休息，稱為「筏（rafts）」，筏通常包含10到數百隻，但是鏡頭不夠廣所以沒法拍到whales，或稱大翅鯨）都游得很近，牠頑皮地故意在船下穿過，作勢要把遊船給弄翻掉。可惜這峽灣水淺，座頭鯨潛水前擺尾的招牌動作

始終沒做出來。座頭鯨歌聲優美，體型很大但是游得稍慢，故以前常被捕鯨船列為首獵對象，現在禁捕，估計約有2萬尾悠遊在各大海域上。聽說，欣賞座頭鯨最佳時機是在4月，當牠們剛從夏威夷南海回來，飢餓的鯨群會合力把小魚圍起來構成一個大網叫「bubble netting」，從海底衝上來張開大咀來大快朵頤。

海釣之都收穫大，哈里拔幾百磅呢

　　忽然，船長廣播說有一隻灰鯨（Gray whale）從船頭游過，灰鯨和座頭鯨一樣都是長途跋涉遠道而來，灰鯨身型略短，尾鰭較小，沒有背鰭只有斑駁的灰點和獨特的背駝（dorsal hump）。通常，座頭鯨最容易認的特徵是牠的背鰭、大胸鰭和身體上的直條坑痕，而灰鯨則是牠長滿了藤壺和鯨蝨的斑駁皮膚。殺人鯨(Orca或Killer whales)在這趟夏日航程真是搶盡鋒頭，幾乎在每個海域都看到牠們，但是這次牠們露出粉紅色的不知道是身體哪一個部位。

　　Seward好玩的地方之三，就因她是個海釣之都，如果你是釣友，5、6月釣國王鮭、7～9月就釣銀鮭和粉紅鮭……，最有成就感的要算哈里拔（Halibut），全年都有。哈里拔很大一條，一般重的哈里拔都有幾十公斤，絕對讓你釣得過癮，但是該地最重的歷史紀錄，你猜猜有多重？166公斤，你相信嗎！

　　相對於加國對漁獵都有嚴格限制，在美國就寬容得多，或許是資源豐富吧。釣客滿載歸來在漁獲台前拍照留念之後，就有專人為你切片打包，釣客若認為吃不完不帶回去的，可以廉價賣回魚釣公司再轉賣給其他遊客。

　　Seward雖然好玩，可是只有幾家地方旅館，我們沒預訂到房間，找了很久終於找到一家青年旅店，一個床位25元。10幾個人共用2格小廁所，晚上都得抱著相機睡覺！別嫌，有得睡就不錯了，不然得開兩個半小時車、200公里回安格列治。

灰鯨身上長滿了藤壺和鯨蝨。

殺人鯨露出粉紅色的不知道是哪個部位。

釣獲哈里拔最重的紀錄是 366 磅。

4—2

海鳥一樂園，Homer 賞不完

Homer（荷馬）緊鄰卡契馬克 (Kachemak) 灣，小島上盡是海鳥，四處可見海鸚、
海雀、海鷗、海鴉、海鳩鴿、海鸕鷀、蠣鷸……。

開車回到Sterling公路轉西南方向，沿著基奈河流經的索爾多特納(Soldotna)去到河口的基奈鎮，沿途都看到有很多人在河上釣魚。基奈河上釣魚是世界知名的，每個釣客都夢想也能在這裡釣到一條45公斤重世界紀錄的國王鮭魚。索爾多特納和基奈鎮從前都是迪奈納(Dena'ina)人居住的(說「居住」太客氣了，應該是迪奈納人的「領土」。)俄國人東來之初曾經在基奈鎮建立他們在阿拉斯加的第二個據點：St.Nicholas堡，此舉引發迪奈納人不滿，1797年那場衝突，雙方傷亡逾百員，行經此地，可以進去憑弔一下。不過，基奈鎮最吸引之處，是聽說每年初夏當鮭魚洄流，就有白鯨魚群(beluga)乘著潮水進入基奈河捕食鮭魚的盛況，非常希冀！

角海鸚岩石縫裡築巢，
絨毛海鸚草堆中繁殖

荷馬（Homer）位於基奈半島西南端，離安格列治385公里遠，是阿拉斯加大陸公路的最南端，與最

基奈河釣是世界知名的。

北端的巴羅（Barrow）南北呼應，綽號：路的盡頭。現有居民約5千人，以捕哈里拔知名。

　　荷馬是個拍攝晨昏的好地方，因為她的西邊可以遠看阿留申半島和伊利亞姆（Iliamna）火山，東邊遠眺基奈半島上那個大哈丁冰原，每年夏天野花盛開，荷馬像置身在色彩繽紛的世界中。那條長7.2公里延伸出海上的窄吐(spit)，是1964年那場著名的耶穌受難日大地震倖存的，當時大部分的海岸線都沉入海底，只留下現在我們所看到的窄吐，是荷馬著名的地標。

　　有過基奈峽灣欣賞海上動物難忘的經驗，在荷馬我們繼續來個海上之旅欣賞海鳥，遊船從早上十時坐到下午六時，途中還在對岸的塞爾多維亞（Seldovia）小漁村停靠3小時讓大家上岸遊覽，票價出奇的「俗」，每人才59元。

　　荷馬緊鄰卡契馬克(Kachemak)

西眺阿留申半島和伊利亞姆火山。

荷馬綽號：「路的盡頭」。

荷馬像置身在色彩繽紛的世界中。

Seldovia 的老屋沿木板街兩側興建。

建於 1820 年的東正教教堂遺跡。

大象石因視角關係，象鼻子會翹起來。

灣，那裡除了有大象石之外，還有一個海獅島和其他很多小島，島上盡是海鳥，大象石由於視角關係，象鼻子還會翹起來呢！海鳥首先登場的是大家看過的角海鸚，角海鸚（Horned Puffin）在眼角處有個直角眼紋，喜歡在岩石縫裡築巢。另外一種絨毛海鸚則喜歡在草堆中繁殖。

海鴉與企鵝幾分相似，
角嘴海雀很會潛水

海鸚（Puffin）這種色彩豐富像鸚鵡的海雀（alcids），主要生活在太平洋北岸冰冷水域。絨毛海鸚（Tufted Puffin）在額頂上有兩撮黃色束毛，絨毛海鸚和角海鸚走在一起很容易被分辨。海鸚每分鐘可拍打翅膀約400下，剛好是蜂鳥的1/10次，牠們都很能潛泳，深度可達77公尺。

在Puffin之中還有一種是只生活在大西洋北部的大西洋海鸚（Atlantic Puffin）。大西洋海鸚和太平洋角海

角海鸚與簇毛海鸚。

鸚都有一對類似的眼角，不過大西洋海鸚體型略小，啄部色彩卻更豐富，我有一年曾在紐芬蘭看到過。

角嘴海雀（Rhinoceros Auklet）是Puffin近親，Auklet分角嘴海雀（Rhinoceros Auklet）和鳳冠海雀（Crested Auklet）兩種，角嘴海雀嘴上白色突出狀似犀牛的角，只在繁殖期才看得到，每年脫落。這幾隻角嘴海雀是在基奈峽灣看到的，船長說Auklet只有在基奈峽灣的冰川附近比較容易看到，很會潛水。至於鳳冠海雀這次沒有拍到。

北地沒有企鵝，但是黑頭、黑背、白腹而又群居的海鴉（Common Murre）遠看和企鵝有幾分類似，海鴉不結巢，鴉蛋就露置在岩石上，也很會潛水。如果眼下嘴上有一條白色條紋，那就是另一亞種：厚嘴海鴉（Thick-billed Murre）。

海鳩鴿（Pigeon Guillemot）是大家常看到的，冬天牠們常在北溫哥華過冬，享受冬暖陽光。海鳩鴿全身灰黑，但有趣的是口腔和腿腳鮮紅，翅上有片白色斑塊，黃色眼睛，奇趣特別。

海鴉黑頭黑背白腹像企鵝。

蠣鷸尖啄輕撬蚌殼，
海鷗多到無處不在

在基奈半島，介紹完4種海雀（alcids）：Auklet、海鸚（Puffin）、海鴉（Murre）、和海鳩鴿（Pigeon Guillemot）之後，接著輪到水鳥。鸕鷀因為牠細長的頸脖無法一下子就吞進漁獲，所以在中國桂林是被漁夫套上頸環強逼幫忙去抓魚的。在北太平洋沿岸最常見的鸕鷀是身體顏色泛著紫藍帶綠光澤的海鸕鷀（Pelagic Cormorant），牠喜歡在近海地區覓食。在太平洋的更北面，兩面臉額上有兩片橙色或紅色色塊、經常與海鸕鷀混雜在一起結巢的（站在岩石上的）紅臉鸕鷀（Red-faced Cormorant）就很特別。

雙冠鸕鷀（Double-crested Cormorant）和紅臉鸕鷀類似，臉上也有兩片黃色色塊，但牠眼角上多了一對像眉又像角的羽毛，羽毛隨著成年由黑轉白，白眉很細，要細心一點才看得到。所有鸕鷀的毛都不防水，需要花時間整理，卻不影響鸕鷀深水覓食。

蠣鷸（Oystercatcher）在太平洋沿岸溫暖地區很多是腹部黑白黑白的比較好看，我們在阿拉斯加看到多數是全黑的黑蠣鷸（Black Oystercatcher），黑蠣鷸是隻全黑水鳥，眼睛和嘴卻是鮮橙紅色的，伴著一雙粉紅色的美腿，那刀鋒般的尖啄可以輕鬆撬開蚌殼，係一夫一妻的鳥。

最後要介紹的是海鷗，這些海鷗多到無處不在，非常嘈雜，其實海鷗也有好幾種：灰翅鷗（Glaucous-wing Gull）灰翅白尾黃腳；與普通海鷗（Mew Gull）灰翅黑尾黃腳的有所不同，差別在於灰翅鷗是白尾，普

角嘴海雀嘴上突出狀似犀牛的角。

海鳩鴿的口腔和腿腳都鮮紅。

通海鷗是黑尾。

　　我們看到在空中飛行大部分都是黑腳三趾鷗（black-legged Kittiwake），黑腳三趾鷗灰尾黑腳而翼尖染黑，最能在懸壁上築巢。下次你看到海鷗就多看看牠的翼尖、尾巴和腳吧！是白尾的灰翅鷗、黑尾的普通海鷗、或是黑腳的黑腳三趾鷗。至於紅腳三趾鷗（red-legged Kittiwake）和頭戴黑冠、紅嘴紅腳尾巴像燕子的北極燕鷗（Arctic Tern）則沒拍到。

塞爾多維亞盛産鯡魚，
今因濫捕致漁獲枯竭

　　遊船在塞爾多維亞漁村停靠了3小時，我們上岸幫忙拚經濟，各花了18元吃了一份不對胃口的漢堡餐。塞爾多維亞是卡契馬克灣内眾多小村之中較大的一個漁村，每個漁村(或露營地)都靠水上的士連接。「Seldovia」原俄文是「鯡魚灣」的意思，早年區内盛産鯡魚（herring），超過2千人在此生活，建於1820年的東正教遺跡可作見證，但現已荒廢。當時鎮上的主要街道是一條「木板路」，是厚厚的木板沿著海濱打椿架設的一條架空路，其他房屋就圍繞在木板街的兩側興建。後來塞爾多維亞漁獲因濫捕而枯竭，現在人口不到300人。

　　我們沒有再往南過海前往著名的「鳥島」——科迪亞克（Kodiak）島，那裡是俄國人早在1763年在阿拉斯加建立的第一個據點，也是阿拉斯加在沙皇時代的首府；此外，Kodiak也保留了愛斯基摩Alutiiq族文化和完整的原始生態。可是，Kodiak在荷馬坐渡輪去要9個小時，從安格列治坐飛機去要600多元，島上沒幾條路全靠水上飛機連繫，除非參加當地的高貴旅行團，否則交通非常不便，所以南行的路線就到此為止。

　　明天我們回安格列治走第二段東行的路線，要去找一個被遺棄的寶礦，那裡我們去了兩次才終於找到！

海鸕鷀的身體泛着紫藍帶綠的光澤，紅臉鸕鷀多了兩片紅色面額。

雙冠鸕鷀臉上多了兩片黃色色塊。

黑蠣鷸的眼睛和咀是鮮橙紅色的。

海鷗多到無處不在其實也有好幾種。

Chapter. 05

Wrangell-St.Elias
國家公園 尋尋覓覓

循著美麗的 Glenn 公路往東走，探訪馬塔努斯卡（Matanuska）冰川、銅河河谷，並深入 Wrangell–St.Elias 國家公園，訪尋一個被遺棄的寶礦......。

藍格爾 – 聖伊利亞斯 Wrangell–St.Elias，一個很長的名字，原因是這座起源於冰河灣一直伸向阿拉斯加心臟的大山脈，被分成兩個部分，分別是東邊伸向冰河灣的聖伊利亞斯（St.Elias）山脈和西北邊的藍格爾（Wrangell）山脈。Wrangell–St.Elias 國家公園是美國最大的國家公園，有 1.5 個台灣那麼大，她的西麓原來是個銅礦場，整片大山都是荒野，卻因為被聯合國教科文組織（UNESCO）列入世界自然遺產，晚至 1980 年才被納為國家公園。儘管貴為國家公園，卻沒有幾條路可以入山，旅遊設施非常不足。區內最大的山麓型冰川——Malaspina 冰川、北美最長的潮水型冰川——Hubbard 冰川，都位於北太平洋與世隔絕的 Yakutat 峽灣，至於世界上最長的山谷型冰川——Nabesna 冰川則被鑲在藍格爾山脈的北端。

在本章節，我們將依循走過的 Glenn 公路往東，去探訪馬塔努斯卡（Matanuska）冰河，然後去到銅河河谷，並深入 Wrangell–St.Elias 國家公園，去尋找那個被遺棄的寶礦，感受印地安原住民阿特納（Ahtna）人的無奈，最後將在老漁港瓦德茲（Valdez）完成這次

冰上飛？馬塔努斯卡冰川做得到

馬塔努斯卡（Matanuska）冰川幽曲冰徑來去自如任你行，還可飛簷走壁，或請
教練助你攀越冰峰，好不刺激！

⚓

　　初秋往葛蘭納倫那段Glenn公路
公路，是阿拉斯加最美的一段路，
因為它途中會經過美麗的馬塔努斯
卡(Matanuska)冰川和Nelchina冰川，還
有Eureka Summit和瞄準山。我們就先
看看Matanuska冰川。

　　我們出城沿著AK-1號公路一路往
北開，在帕爾默(Palmer)轉進Glenn公
路，發現Glenn公路現已被併入AK-1號
公路，這條新編的AK-1號公路起點就
從Homer的窄吐開始，沿着Sterling公
路經過安格列治、再走Glenn公路接
理查森公路，最後在托克捷徑的Tok
結束，全長880公里，是阿拉斯加與
加拿大連接最快的走廊。不過，道
路番號雖然改變，路標表示的仍是
從安格列治起算、按照舊路的英哩

里程。我們過了帕爾默之後，南側
始終有著一條河流伴隨，那是由馬
塔努斯卡冰川融化後的冰水匯集而
成的馬塔努斯卡河。

飛簷走壁，甚至攀越冰峰

　　首先，Mile 85，那裡住家開
始變少，路旁有一個長湖，我們

疊彩山！

在湖邊遇見一對倖免於被獵捕的駝鹿母子。Mile 102，馬塔努斯卡（Matanuska）冰川，是一個山谷型冰川，從安格列治沿著Glenn Hwy過來只需要2小時，是安格列治旅遊順道必遊的景點。

馬塔努斯卡冰川暱稱：馬塔（The Mat），全長43公里，最底部綿延了6.4公里，依在楚加奇（Chugach）大山北側，在她的山背後就是我們坐郵輪時最後暢遊過的學院峽灣。馬塔是一條會流動而且還流得很快的冰河，新冰從河頂流到谷底約需250年，儘管新雪不斷累積，每年從北太平洋降下來的新雪為她添補無窮活力，可是冰河消瘦程度仍明顯可見，古時的疆界早已綠樹成蔭，新近的失土現在黑成一片，但別看黑土像泥土，下面還是有冰呢！失去的不一定能要得回來，那黑泥是附在冰裡的沉澱物，還有是冰河滑動從冰底帶上來的沃土。拍照時要等到冰河照不到陽光，否則一定過曝！

馬塔，多少人慕名而來！馬塔引人入勝的是你可以靠得很近，每人付個25元門票就可走進幽曲冰徑，任憑擺盡各種撩人姿勢，甚至飛簷

《消逝中的冰河》

大裂隙，在馬塔努斯卡冰川。

《雪山飛狐》

走壁,都可做到。或者你可以多花100元請位教練教你攀岩或跨越冰峰,行程約3個小時,也算值得。

但很奇怪,進入冰川的路是由私人經營的,建議你如果只走近冰川那就不用穿得太多,走在大太陽下又熱又累,冰爪也免了,那是用來唬觀光遊客用的;但你若是深入冰川走進平滑冰面,那冰爪還是免不了。看著消逝中的馬塔,再一次感受到阿拉斯加的冰河瀕臨消失的氣壓,再不去看可能很快就都融化了!

柳葉草種子隨風飄蕩,
拍棉絮需要一點技術

在北地,我們隨處都可以看見一種種子會飛紫紅色的植物,稍一不慎,棉絮便會吸進你的鼻腔或是嘴巴裡!那些是柳葉草(Fireweed,或稱火草、柳蘭)的種子,附在白灰色的柔毛隨風飄蕩,柳葉草為火燒後的先鋒植物,其地下根莖生長能力極強,易形成一大片群體,開花時十分壯觀,結絮後的枝幹,原

阿拉斯加白山羊。

住民常大量收集用作枕頭與棉被的填充物。

要拍到棉絮飛揚的樣子很不容易，因為無法對焦，所以要手動對焦，光圈縮到極小，快門也就較慢。在山坡上我們看到一些原住民朋友開車來提着桶子，不知道在找些甚麼？我問阿嬤，阿嬤說是採集野生藍莓（blueberry），野生的價錢比栽種的還好！

Mile 109，獅子石(Lion's Head)，是迪奈納人和阿特納族人的傳統邊界，東邊是阿特納族人的地盤。其實這些支族都屬於阿薩巴斯卡大族，但語言略有不同。美洲原住民有很強烈的同甘共苦觀念，壯漢和婦孺都分享等量的食物，為了狩獵謀生容易，所以才會分成一個個小團體，才夠吃、夠養得活。

Mile 113，在綿羊山(Sheep Mt.)我們又遇見一隻阿拉斯加白山羊（Mountain goat），當時看到牠是白色的，還很興奮地誤以為牠是本地罕有的大角白綿羊（Dall sheep），可惜白山羊沒有白綿羊的大角，但即使是普通山羊也不是很容易拍得到，如果牠高高在山上不跑下來的話，怎麼可能捕捉到牠的身影？

銅河河谷樞紐，
Glennallen 四面崇山峻嶺

美麗的 Glenn 公路。

Nelchina 冰川。

　　Mile 128，登上尤里卡隘口（Eureka Summit，1012公尺），就穿過了塔基特納(Talkeetna)山脈，焚風(chinook wind)從南面的楚加奇山暖暖吹來，假若天氣良好，你還可以觀賞到前面的Wrangell-St.Elias山脈和北邊的阿拉斯加大山。不然，瞄準山也足以讓你停留半刻。尖尖三角形的瞄準山（Gunsight Mt.,1902公尺）不是火山，它的名字是因為其頂狀看來像個來福槍的準星。

　　Mile 151，位於楚加奇山脈山上的Nelchina冰川正遠遠在左手邊熱烈地向我們招手，她的河底也有5公里

寬，但是祇能遠望，要走很遠才能近觀！這路上零零星星都有一些住戶，經營簡單的膳宿，連鎖快餐店則祇有在大城市才有，走這段路最好備妥乾糧應付午膳。

　　在快到葛蘭納倫之前（Mile 178），雄偉的Mt.Drum就在眼前。Mt.Drum(3661公尺)是Wrangell-St.Elias山脈最西邊的一座高山，Mt.Sanford(4949公尺)和Mt.Blackburn(4996公尺)分坐左右兩側。葛蘭納倫距離安格列治188英哩，四面被4座大山包圍著，是銅河河谷的重要樞紐，也是進入Wrangell-St.Elias國家公園的門戶。

5—2
廢棄之城堅尼閣，大投資家始亂終棄

100 年前，大銅礦 Kennicott（堅尼閣）年產值 2 億美元，全盛期有 5 個礦源全開，產值僅次於朱諾黃金礦區；但礦源被挖了 28 年便完全枯竭，礦區全部關閉，最後一班火車也離開了，附近村鎮儼如鬼城。

來到葛蘭納倫(Mile 188)，從Glenn公路接回理查森公路(AK-4)，里程也改回理查森公路從Valdez算起的里程：葛蘭納倫(Mile 118)。

銅河河邊（Mile 88）是欣賞藍格爾群峯的最佳點，其中藍格爾山Mt.Wrangell（4317公尺）被夾在Mt.Drum和Mt.Blackburn的山後面，不算很高卻是個活火山，最高的是最西邊那座Mt.Blackburn（4996公尺）。在夕陽下雪白的Mt.Drum變成耀眼的金黃色，是不是很漂亮呢！我想，如果等到日出，當朝陽紅光照耀在峯峯相連的山上應該會更漂亮。於是我有很多次站在寬廣的銅河上，但每次早上的雲層都很厚，始終沒有等到朝陽紅光，只等到「冰山的一隅」，亦即是雪山被雲霧遮蓋只露出半山的意思。

葛蘭納倫祇有幾百個居民，我們在住宿不算多的葛蘭納倫勉強找到一家價錢尚可而且舒適的旅店——Caribou Hotel住了一晚，明日就過河入山，要探索Wrangell那神秘的面貌。

銅中心的俄羅斯痕跡。

《Chitina 百貨公司》

早期俄人貿易，銅中心遺留殘跡

翌日，在葛蘭納倫往南16哩有個半廢棄的老村落叫銅中心（Copper Center），銅中心早在1788年就有俄國人來此貿易，彩繪的房屋和雕刻的墓園圍欄殘留俄羅斯風格的痕跡。1898年她開始提供淘金客棲身之所，原來在科朗迪克淘金熱年代，有500多人被騙說這條路更近更容易到達科朗迪克而來到這裡，當然事實並非如此：後來又來了一些人進去Fairbanks尋金又失敗，便流落在銅中心打發日子，幸好有理查森公路擴建計劃，他們才得以賺夠旅費回家！

1960年代美國推行長住(homestead)計畫：鼓勵美國人到此開墾定居，凡5年內每年都住滿6個月就可免費獲得土地，結果長住者獲得土地後又把它賣掉，這區域現在還是只有幾百人住。

遇見一隻瘦黑熊。

再往南一點（Mile 82.6）就是Wrangell-St.Elias國家公園的南入口，有一條埃哲頓(Edgerton)公路(AK-10)通向區內另一個廢棄之城：奇天納(Chitina)。這條埃哲頓公路中間有一些牧場，我們經過一個叫Circle Range的牧場，發現一種引進自西藏的犛牛（Yak），園主吹噓說這種犛牛不像麝牛有酥味，而且肉質鮮美，高蛋白質、低熱量、飽和脂肪、低膽固醇和三酯甘油……云云。在中國的高原地區也有很多犛牛，稱「高原之舟」，西藏犛牛肉好像確實不錯吃喔！

白人霸佔礦源，印地安人三聲無奈

早晨，很多動物都還在逛街，也遇見一隻瘦黑熊。沿著埃哲頓公路走了34哩，來到了祇有幾戶人家的奇天納，奇天納曾經有過風光日子，故事是這樣的：這個區域從前只有阿特納(Ahtna)族人在這裡狩獵和捕魚，他們很早便懂得使用銅製器皿、武器，並用來和海岸的各族交易，豐衣足食。

當美國接收阿拉斯加後，1885年Henry T.Allen上尉（1859～1930）受命

Kuskulana 橋是被唯一翻修過可供車行。

McCarthy 公路上第二條橋是棄橋。

這種捕魚車技術源自中國。

此路不通！

前來探勘，首先遇上了Nicolai酋長，眼尖的白人很快就注意到酋長使用的銅製器皿，但是酋長沒有帶Allen找到礦源，只協助他通過阿拉斯加山脈深入到內陸Tanana區域，完成美國人第一次在阿拉斯加的探索。

Allen的日記所記載的寶礦畢竟引來群雄覬覦，幾隊人馬前來銅河尋寶，1900年，兩個白人在藍格爾山上終於找到了一個含銅量豐富、當時世界上最大的大銅礦。「他們白人不尊重土地，取得銅就會離開！」(he white man had no respect for the earth and would leave when the copper was taken out) Nicolai酋長說。白人找到礦源占為己有，Nicolai老酋長只能徒呼奈何！

1906年，投資界巨擘J.P.摩根聯同古根漢兄弟輾轉買下礦權共同開發。1911年，一條196哩長的火車鐵路(CPNR)被火速建成，從海邊的科多瓦(Cordova)經過奇天納直通上山，奇天納扮演中繼和銷金窟的角色，所有的盛事都發生在那個青銅年代。

大銅礦Kennicott位於奇天納河上游60哩處，其間經過兩座橋，從前只有礦場的火車通行，當年年產值2億美元的財富就這樣源源不絕地被運到華盛頓州的Tacoma市，全盛期有5個礦源全開，產值僅次於朱諾黃金礦區，超過600人受雇生活在礦源附近的銅鎮麥卡錫(McCarthy)，但是後來卻遭廢棄，不知道現況如何，我們就進去一探究竟。

搜刮殆盡捐給政府，
表示永遠不會回來

下次坐小飛機進去。

Kennicott（堅尼閣）是原地名，Kennecott礦業公司在註冊時串錯了一個字母「i」變成「e」。而今兩字互通。現在在奇天納河上看到類似中國水車的捕魚機是原住民賴以用來捕捉鮭魚的機具，這也是他們僅餘的「特權」，據說，這個技術真的源自中國。

第一座橋在Kuskulana河上，238呎高，為CPNR鐵路於1910年初建，是

近年唯一有被翻修過的舊橋，供汽車通行，第二座橋是棄橋。CPNR鐵路在下游還有127座橋樑，都因當年好景不常，受不了人類瘋狂採挖，才28年，全世界最大的礦源便告枯竭，堅尼閣礦區於1938年全部關閉，

這個是候機室？

飛越 Kennicott 冰川。

位於 4000 英呎高的 Erie 廢坑。

最後一班火車也離開了，橋樑日久失修任其敗壞。

曲終人散，奇天納亦遭遺棄儼如鬼城。1941年堅尼閣公司更把整條鐵路「捐」給政府，應了老酋長的預言，白人吃乾抹淨之後，表示永遠不會再回來！直至1980年，Wrangell-St.Elias國家公園成立，園區以那座14層樓高紅色大礦屋(Kennecott Mill Town)為號召，並在原路軌上舖上碎石，坑坑洞洞的勉強使之成為可供車行的一段路，名為：麥卡錫(McCarthy)公路。

拜旅遊業興起，旅客好奇如我皆欲探訪這座礦源，鬼城Chitina得以復活重見天日，有少許的居民提供有限的膳宿服務。「Take your own risk！」要進入麥卡錫公路，園管局預先警告：途中風險自負。我們冒險走在坑坑洞洞的碎石路上，結果60哩(97公里)路，單程就開了3小時。

蛤？第三座橋McCarthy是行人專用的路橋⁈車輛沒法過去，沒有住宿，叫人怎麼可能步行5英哩路上去再回來？美國的國家公園不像台灣放任業者自由競爭，他們園區內

村民趕着去開村民大會！

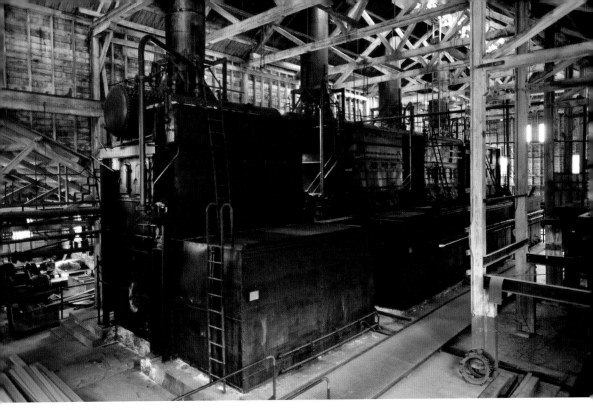

當年技術先進的發電廠。

餐飲住宿多由少數企業獨攬經營，推說避免價格競爭才能維持優質服務…云云！想要住進礦區，McCarthy Logde或Ma Johnson's Hotel和較豪華的Kennicott Glacier Lodge是少數的選擇，但是後來我們才知道這三家住宿都屬於同一家公司管理；此外，在Chitina也有小飛機可以提供當日來回服務，但所有服務都到9月中旬美國勞工節為止。我們進來這天，真巧，剛好是勞工節晚一天！

McCarthy 村民 28 人，還有村民大會

不到黃河心不息，過了一年，

Ahtna 美術。

無奈的 Ahtna 族老人。

我們在7月暑假火紅的季節再去,這次,我們狠下心要坐飛機進去,就是想看到那14層樓高紅色的堅尼閣大礦屋。我們狠下心坐飛機不全是為了心疼荷包,而是碰巧該星期全球總共掉了3部大飛機。

上午8點,我們依約前往Chitina跑道等候,機場跑道外除了停泊了幾輛車和一間破房子外便空無一物,我們就在跑道上等候,因為祇夠坐4個人的小飛機根本不需要候機室。8點多,一架小型飛機從山上飛過來,我們坐上戲稱為飛機中的「小跑車」,沒多久,Wrangill Mountain Air

的小飛機越過Fireweed山、堅尼閣冰川和Root冰川,就進到上次車子進不去的麥卡錫。

還在20幾年前,麥卡錫是靠坐吊纜才上得來的,現在,麥卡錫除了有飛機,還有穿梭巴士來往於行人橋頭、機場和那5英哩遠的堅尼閣礦區。但是一切服務僅限於夏季,之後所有工作人員都將解散回家,他們很多都來自美國本土,夏天才來當短期工的,北地有很多風景區都是類似情況。看到穿梭巴士和一些公務車,我想知道,沒有橋那麼車子是怎麼開上來的?原來有人在河床填了一條可供車行的私人棧道,使用者要繳年費300美元。

麥卡錫就位在堅尼閣冰川前緣,是當年採礦雇員所住的村落,盛極時期住上6、700人,現在麥卡錫雖然歸屬國家公園,但不是沒有人住,附近小型的礦坑仍有礦主孤伶伶地苦守,小規模的採礦仍然進行着。我們進入這個國家公園,她總是提醒你要尊重私人土地。據2010年的統計,麥卡錫的人口為28人,我還真的看到有村民趕着去開村民大會呢!

礦坑隧道長度,加總不下 60 英哩

堅尼閣銅礦純度高、礦源豐厚，大投資家挾豐沛的資金和技術，在Blackburn那陡峭的山背後滿地開花，Bonanza、Jumbo、 Erie、Mother Lode……，各個礦坑不一而足，礦坑隧道的長度加總不下60英哩，現在皆遭廢棄。

Here it is！不辭勞苦終於看到14層樓高的堅尼閣大礦屋(Kennecott Mill)，不虛此行了。顯而易見，7月和9月的景色大異其趣。我們坐上接駁巴士進到Kennecott Mill，前幾年才被洪水沖毀的化驗室和礦區醫院首先映入眼簾，很多座歪歪斜斜的建築物圍在大礦屋腳下，還有一條銹蝕得很嚴重的火車軌，有4根煙囪四層樓高的大房子就是發電廠……。我百思不得其解的是，在20世紀初年，中國還在紮辮子的年代，在偏僻荒野中，這是如何辦到的？鋪鐵路、蓋屋村，還有當年技術先進的發電廠，都在不出幾年的短短時間內完成，投資巨擘的大手筆真是魄力驚人。

現在麥卡錫所有的旅遊服務，都由這一家公司經營。

看到1913年當地的地圖，竟然找不到安格列治！的確，當CPNR鐵路建好初期，科多瓦曾經短暫取代瓦德茲成為進出阿拉斯加大陸的門戶，安格列治要從Seward到Fairbanks的阿拉斯加鐵路通車之後才躍上枱面。

堅尼閣大銅礦，當年為投資者帶來億萬元的財富，但是，我仍然要問，那印地安人呢？那個可憐的Nicolai酋長可是眼睜睜卻一籌莫展，稍微抱怨一下都可能會倒大楣！所謂「坐吃山空」，再多的資源都忍受不了人類的貪得無厭，挖了才28年，堅尼閣便礦源枯竭遭到遺棄，完全應驗了Nicolai老酋長的話，同樣的故事，相信仍在地球上不同的地方不斷上演！

瓦德茲不凍港，運油管終點

回到之前的旅程，從吃了閉門羹的麥卡錫回程走了4小時和94英哩，回到理查森公路，天色將晚，但我迫不及待地想帶你走完全程。其間，Mile 42，Thompson峽谷雖然斷崖殘壁可以媲美台灣的中橫公路，但是Mile 28.5，沃辛頓(Worthington)冰川應該更加值得讓你駐足欣賞，她那大大星形的樣貌曾被列入美國國家自然地標，是少數讓汽車可以開到門口的冰川。請注意，這段路在冬天風大而且積雪，應該不太好走。

Mile 0，瓦德茲（Valdez）。瓦德茲是個不凍良港，理查森公路的起點、阿拉斯加運油管的終點。瓦德茲源自18世紀一位西班牙海軍軍官的名字，20世紀初才因為引來淘金客而發跡。瓦德茲曾經於那一次9.2級大地震中全毀，歷史上更遠一次的打擊是發生在1907年，和採礦有關，是兩間鐵路對手公司為了搶奪堅尼閣鐵路權，而在Thompson峽谷發生槍戰，結果不是幾死幾傷，而是鐵路捨棄了瓦德茲改通往科多瓦，瓦德茲現今只剩下藏在山洞內那袛完成了一小段、永遠不會再完成的鐵路路基。

峰迴路轉，1970年代瓦德茲得到運油管加持，現在人口維持在4千多人，大部分係油公司和政府雇員，其他的多是從事漁釣和旅遊業。其中壯觀的潮水型哥倫比亞冰川就在外海40公里，有很多旅遊方式可以前往，不過我們第一次來的時候是在9月，所有旅遊設施都已關閉，包括住宿，好不容易找到房東電話詢問是否營業，房東叫我們在花圃下自己拿鑰匙開門。走完最古老的Richardson公路，明天，我們將展開新的行程。

阿拉斯加運油管。

Worthington 冰川讓汽車開到門口。

Chapter. 06

穿越阿拉斯加
勇闖北極海

為了親睹極地風貌，從安格列治出發，一路北上，仰望北美第一高峰，穿過極光之都——費爾班克斯，向北極海挺進。

給你 30,000 塊，你可能一下子就花完，如果老天爺只許你 30,000 個晨昏，你會怎麼花？省著用？好好用！三萬個晨昏有多久！不病不痛也不過 82 年。

珍惜當下，我們去了阿拉斯加不下三數次，第一次是坐郵輪像蜻蜓點水似地淺嘬一下；第二次在第二年 8 月下旬秋風送爽，自行駕車從阿拉斯加公路一路走到安格列治，幾乎走遍阿拉斯加每一條公路；但因為 9 月中旬美國勞工節過後，大部分的景點都停止服務，於是在第三個夏天，再一次踏上阿拉斯加，把每一個錯過的秘境都探訪一番。

這一次，我們將帶你再從安格列治出發，沿著 Parks 公路一路北上，沿途經過景色壯麗和擁有北美洲第一高峯的 Denali 國家公園、極光之都 Fairbanks，踏過號稱世界 10 大魔鬼公路的 Dalton 公路，最終走向北極海，飛抵世界之巔 Barrow，帶回來愛斯基摩人和北極熊的訊息。在北極海，我們看到的不是一片冰天雪地，而是一片蒼瑟荒涼！

《子夜太陽 Midnight Sun》

6 — 1

DENALI國家公園，「高」知名度

迪纳利 (Denali) 國家公園有座北美第一高峰——迪纳利山，每年吸引數十萬遊客造訪，特有的大角白綿羊 (Dall sheep) 極為罕有。

今天，我們就穿越阿拉斯加大陸向北極海挺進，出發才離開安格列治26哩再右轉入山路行10英哩，就到了Eklutna湖，這裡值得一遊。她是楚加奇州立公園北邊的區域，因Eklutna冰河退卻而留下Eklutna湖，從前環湖有很多迪奈納(Dana'ina)部落，他們在19世紀初即和東正教有過接觸，所以原住民做生意雖然掛著美國國旗，但房子顏色卻富俄羅斯色彩。

又是黃金又是石油，俄國人心都碎了

從安格列治往北的Parks公路(AK-3)，實際上是從35英哩(56公里)外的帕爾默（Palmer）開始(但里程數仍從安

色彩鮮明的房子。

格列治起算)，那是AK-1公路上的一條叉路。帕爾默是一個擁有6千人口的大鎮，多以務農為業，由於阿拉斯加夏天日照的長時間很長，種出的蔬菜非常巨大，帕爾默夏日正是比賽哪家包心菜種的大，哪家南瓜種的大到教人吃驚的季節！加上帕爾默一帶的農場近年復育北極麝香牛（Musk Oxen）成功，而成為安格列

治近郊可遊的路線。

　　麝香牛群居，長得並不好看，最有趣的特徵是那對像一字眉的橫角，粗壯銳利，身體有很濃烈的味道，但不是麝香（musk）的味，牠原是在北冰洋島嶼的極地活動，19世紀曾受到白人過量獵殺瀕臨絕跡，直至近年才轉危為安。麝香牛的毛比羊毛輕巧溫暖，牛皮可作帳篷外圍用，世世代代以來，愛基斯摩人稱麝香牛為「Oomingmak」（意思是：大鬍子），並賴以生存。以北極麝香牛絨毛為毛料的織品店「Qiviuk」，更是加拿大最頂級的奢華織品名牌。

　　在帕爾默鎮外不遠，在一處河邊有塊路牌記錄著阿拉斯加發現黃金的歷史，阿拉斯加最讓俄國人難以釋懷的是在1867年賣給美國之後，1880年黃金就在朱諾被發現，接著是1893年在育空河上的Circle、1898年在育空河口的Nome、1902年在Fairbanks，1906年輪到這裡的塔基特納(Talkeetna)山麓，金礦在柳溪上游離帕爾默北方12英哩遠，1148公尺高的Hatcher山口，是一個來自德州的牛仔

Eklutna 冰川形成的 Eklutna 湖。

帕爾默的農場比誰種的菜巨大。

柳溪附近的冰屋加油站。

復育成功的北極麝牛 Musk Ox。

引進自西藏的西藏犛牛。

甚麼都賣，甚麼都不奇怪！

R.Hatcher發現的，現址已成為獨立礦坑州立歷史公園。痛……，一百年後在Prudhoe竟然還發現石油，怎不教俄羅斯人心碎？！

Iditarod Trail 狗拉雪橇比賽，規模盛大

其實派克斯Parks公路（AK-3）名字並非源自Park(公園)的意思，她於1971年才完成，取代了原來迪納利公路（AK-8）的碎石路成為入園的主

要道路，其名字是紀念30年代的一位老州長：George A.Parks，他有多偉大就不得而知。全名為George Parks Hwy的公路全長323哩（520公里），始自帕爾默，北接Fairbanks的理查森公路，是阿拉斯加州的主要幹線。

Parks公路沿著馬蘇(Mat-Su)山谷前進，路線與阿拉斯加鐵路（ARR）平行，該鐵路經過多次破產重組，現在歸州政府管理。馬蘇山谷是依據馬塔努斯卡河和蘇西特納河而命名，是阿拉斯加近年發展最快的區

塔基特納有幾家空中的士公司。

阿拉斯加鐵路 (ARR)。

域,其中包括了帕爾默和著名的瓦西拉(Wasilla),瓦西拉是阿拉斯加州的第六大鎮,2008年和約翰麥凱恩搭配競選美國總統的莎拉佩林,就曾經擔任過瓦西拉市長。

瓦西拉另一個著名的原因,她是被譽為「全球最後的偉大競跑」伊迪塔羅德狗拉雪橇比賽 (Iditarod Trail Sled Dog Race)的總部。1,600公里九天以上的賽事,大抵沿着昔日淘金和郵差送信的路線,比賽從瓦西拉市北的柳溪開始,途中經過已無人煙的 Iditarod 到達育空河口的諾姆(Nome)。「穿越荒蕪的苔原,對抗狂烈的暴風雪,翻過山嶺越過冰川,完成持續考驗狗兒們與主人的速度、耐力及智慧。」Alaska Office in Taiwan中文網站如此形容。該賽事自1973年開始,在每年的3月初舉行,2016年吸引了86隊參加,規模比在育空舉辦的狗拉雪橇比賽大得太多。

在迪奈納語,
「Denali」就是最高之意

塔基特納(Talkeetna)是沿途另一個「大」鎮,人口約900人,都是白人。塔基特納除了提供住宿和合理價的加油服務外,鎮上有幾家小型飛機旅遊公司經營空中的士(Air Taxi),有好幾條航線可以載你上阿拉斯加山脈近距離欣賞北美最高峰的自然景色,或者將飛機降落在冰川上,讓你感受在冰川上行走那獨特美好的經驗,如果你想登山,他也可送你到合適山口,待你回程時他再來接你。然而天無幾日晴,坐Air Taxi要選對日子!

「一個人的垃圾是另一個人的寶藏?」在Mile 115,Trapper Creek(獵

人溪），Wal★Mike's的店收集了很多古怪奇趣的物品，除了大大小小不同的鹿角、注意路牌……外，還有莎拉佩林的人形看版，店門前有一個大玻璃撲滿，你只需放入少少的小費，就可隨便拍照。

到了迪納利國家公園的南瞭望台（mile 135），那裡是最近馬路的最佳觀望地點，如果等到天朗氣清，Denali（6194公尺）和次高Mt.Foraker（5304公尺），還有第三高的Mt.Hunter（4427公尺）都會清楚看見。假若天氣不佳，可能只看到左邊較近的Mt.Foraker，其他更遠的都被雲層擋住。

但在迪奈納語，「Denali」就是至高無上之意，次高那座叫Susitna(蘇西特納)，意思是Denali的妻子；第三高那座叫Begguya，意謂Denali的孩子。

經過了北瞭望台來到公園入口（mile 237）有一條路入山。迪納利國家公園有2/3個台灣那麼大，但園

天色不佳，祗看到 Denali 的妻子和孩子。

內只有一條園區道路，只供園區的觀光巴士行駛，巴士依遠近有4條路線，最遠一程90哩，來回需時12小時，皆需網路預約。如果自駕，在暑假期間你只能開到15哩遠的Savage River橋；金秋，如果沒有下雪封路，私人汽車則可以開進30哩更遠的Teklanika河，直到初冬全面封山為止。這一次在30哩處，我們又吃了一次閉門羹。

美國最高的山，是國會那座山！

迪納利每年吸引40萬遊客造訪，大家除了爭睹北美第一高峰，最主要還有是為了要看一種迪納利特有的白色大角綿羊（Dall sheep）。迪納利除了大角白綿羊，還有很多灰熊、灰狼、駝鹿和馴鹿，牠們合稱：迪納利五大巨頭(Denali「Big Five」)。可是9月中我們進去找過兩次，卻什麼都沒有看到，只有在靠近Teklanika河的公園路上，遇見過好幾隻雲杉松雞（Spruce grouse），牠們不怕人，在冬天會長出白色的羽毛。秋天公園內的苔原植物如苔蘚（mosses）、地衣（lichens）、真菌（fungi）、藻類（algae）……，把整個園區的山谷都染得通紅，極為鮮豔，秋天雖然沒有看到甚麼動

上）暑假不能開過 Savage River 橋。
中）在 Teklanika 河吃了閉門羹。
下）雲杉松雞 Spruce grouse。

物，但是看看自然景色也不錯。

「美國最高的山，是國會那座山！」1890年代有個來自俄亥俄州的美國人來到Denali尋金，看到如此高山便以其家鄉政治名人的名字分封群山，不料最高那個叫Mckinley的當選了美國第25任總統，次高和第三高山也都是當時俄州顯貴的名字。

任憑你多不願意稱呼原住民原意

苔蘚和地衣把山谷染得通紅。

迪納利祇能遠望。

是「第一高山」的迪納利山為麥堅尼山（Mt.Mckinley），很多年前地方人士積極爭取更復原名，但在國會皆遭到俄州議員反對否決，只妥協將Mckinley國家公園改名為Denali國家公園，所以地方人士戲說：美國國會才是那座最高的山。不過，2015年奧巴馬總統在訪問阿拉斯加州前夕，宣布將美國最高山麥堅尼山重新命名為迪納利山，為復名運動劃下句點。

阿拉斯加的山好像都是聳然拔起的，圍繞着阿拉斯加山脈的都是海拔不高的苔原野地，迪納利山卻直插雲霄，非常突出，是北美洲的第一高山。在七大洲最高峰之中排名第三。七大州中的最高峰依次為亞洲聖母峰（8844公尺）、南美阿空卡瓜山（6962公尺）、北美迪納利山（6194公尺）、非洲吉力馬札羅山（5893公尺）、歐洲厄爾布魯士峰（5642公尺）、南極洲文森山（4892公尺）及大洋洲查亞峰（4884公尺）。

特有大角白綿羊，
是 Denali 五巨頭之首

要去迪納利旅遊並不容易，園區附近的住宿很緊很貴，都要大半年前訂房。我們翌年暑假再去，在園外就看到一隻駝鹿（moose）在水池邊玩水，駝鹿愛水，在沼澤地和河邊經常找得到牠。Denali野生動物之旅，原來是從進入Teklanika河開始，我們上次初秋祇能走到Teklanika河，當然甚麼都沒有看到，這次坐上清晨5點15分的園區首班巴士，為了要去找Denali那五種「Big Five」。

我們明年再來！

大角白綿羊又稱多爾綿羊（Dall Sheep），是「薄角綿羊」Thinhorn sheep的一種，薄角綿羊包分為多爾綿羊(Dall sheep)和石綿羊(Stone sheep)兩種，都擁有一雙迷人的喇叭型大角。頭部白色、身體褐色的Stone sheep之前我們在育空地區和Stone Mountain省立公園都有看到過，不若毛色全白的Dall sheep那麼稀罕，迪納利自1917年便被列為國家公園，就是為了要保護這裡特有和珍貴的大角白綿羊。

園區巴士過了Teklanika河不久，在冰屋山(Igloo mt.，mile 46)遠遠的山崗上，園管員就為我們找到了大角白綿羊，可是，如以往一樣，遠望

大角白綿羊像粒芝麻。

白羊就像芝麻般大小，如果牠不乖乖走下來的話，根本看不清楚牠的尊容。沒有拍到大角白綿羊，一直是我們在阿拉斯加最大的遺漏！

從彩瓷山（Polychrome，mile 46）到Eielson解說站（mile 66），是園區道路最精華的路段，有灰熊、有馴鹿，甚至有灰狼。迪納利的灰熊數目比想像的多，坐在車上，幾乎每隔一陣就有喜訊傳來，熊有的在左邊有的是在右邊，這些灰熊由於吃素多過吃肉，體型一般略小，灰熊雖然危險，但也有點怕人，很少傳出灰熊攻擊登山客的事件，除非你帶了食物，或是太靠近母熊的幼子，不過灰熊比黑熊兇猛，若在野外最好還是避之則吉。看到了那麼多灰熊，我們還是最愛看到小熊傻裡傻氣跟着媽媽在山坡上活蹦亂跳的可愛模樣，非常逗趣。

很多人知道非洲的牛羚大遷徙，不知道北美極地的馴鹿也會大遷徙，牠們為了追逐綠草，每年的遷徙路線可長達5千公里，馴鹿是鹿科動物中唯一公母鹿都長角的，牠們的角像樹枝般分义，每年冬天掉落，但在下一年會長出更粗更壯的鹿角。北美馴鹿樣貌並不好看，不過聚集在一起一齊奔跑的場面卻非常壯觀。

園管員說Toklet河（mile 66）是最容易看到灰狼，在那裡，我們真的看到牠了，起初祇看到一隻，後來又來了三隻。灰狼是合群的動物，經常集體捕獵食物而無往不利，連有經驗的獵人都要避之三分。但是灰狼神出鬼沒，要看到牠們真不容易，我們時常在野外遇見的多是郊狼，很少遇見灰狼。在這次迪納利的野生動物之旅，除了大角白綿羊稍嫌失望，幾乎我們想看的都看到了，真是太好了！

巴士最後在奇妙湖（Wonder Lake，mile 85）回程，如果你願意露營，奇妙湖是拍攝北美洲第一高峯晨昏的最佳首選，特別是在湖邊另一旁那個鏡池（Reflection Pond）更是龍穴，但離露營區卻有4公里之遙。

離開迪納利繼續北上，在Tanana河谷遠看阿拉斯加山脈，我還在想，怎樣才能更近看到Dall Sheep！園區附近夏天住宿很難訂房，除了幾家300元起跳的渡假木屋(cabin)外，在北方12哩遠的Healy的Motel Nord Haven有28個房間，你可以詢問看看。

駝鹿愛玩水。

棕色的小灰熊愛跟在媽媽身邊。

後來又來了三隻灰狼。

成群的馴鹿。

6—2

金心之城 FAIRBANKS，幾度夕陽紅

位處阿拉斯加正中央的 Fairbanks，最早也是靠黃金起家，曾沒落一段時期，二戰後成為空軍基地，現在是極光之都。

9月下旬，費爾班克斯（Fairbanks，mile 358）的天空飄下第一場雪。這座自稱「金心之城」（the Golden Heart City）的內陸小城，位處阿拉斯加大地的正中央，最早也是靠發現黃金起家的，1902年，一位名叫Felix Pedro的義大利移民在這裡發現了黃金，便給費爾班克斯取了「金心之城」這個外號。費爾班克斯後來曾經沉寂過好一段日子，二戰後軍隊和飛彈長駐在Eielson空軍基地，為這片還未開發的處女大地維持著一些人氣。

Fairbanks 看極光的時節，比其他地方要長

UAF 北方博物館。

70年代，費爾班克斯的發展全賴阿拉斯加油田，繁忙的交通運輸重新喚起市民沉睡的鬥志，有一座小型的煉油廠建在東郊，石油工業帶動費爾班克斯的人口成長。近年旅遊業興起，費爾班克斯約處於北緯65度極光帶下，成為欣賞北極光最受歡迎的地方之一，也是搭乘Air Taix飛往北極圈內眾多沒有公路連接的地

方的重要樞紐。今天，費爾班克斯人口約3萬多人，是阿拉斯加州的第二大城。

科學證實：北極光是由於太陽表面的黑子活動發生磁暴，形成帶電粒子的太陽風吹向地球，隨即被地球的磁場推向兩極，以每秒100至400公里的速度撞擊地球大氣層的氣體分子，使這些氣體分子熾熱發光而形成奇幻亮光，北極光就如同大自然的燈光秀，以多樣的變化璀璨寧靜而寒冷的極地夜空，充滿了神祕與夢幻的感覺。

通常夏天因為白晝太長，天空太亮，所以不容易看到極光，每年從9月到次年4月，當北地日照時間變短，才是欣賞北極光良好季節。費爾班克斯得天獨厚，當每年12月之後北方氣候乾燥，比較晴朗也不容易下雪，所以欣賞極光的季節從12月就開始，比其他極光城市可觀看的時段來得更長，機會也比較大。不過費爾班克斯處於內陸溫差很大，冬天的夜晚非常寒冷。

我們來費爾班克斯的目的和大家一樣，都是為了要看北極光。可

費爾班克斯的煉油廠。

Morris Thompson 中心鹿茸拱門。

很多人來費爾班克斯為看北極光。

是，費爾班克斯倚在白山（White Mountain）南面山麓，要看到極光不難，但拍照若要找到有好前景搭配，得在城市北方很遠或很高處，不然得多花些錢去擠東郊90公里外著名的珍納(Chena)溫泉旅館，而旅行團幾乎都會去那裡。

Give moose a break，
and then a shoot ?

　　事實上，衹要在極光很強的晚上，整個阿拉斯加夜空都是它的舞

Creamer's field 候鳥保護區。

沙丘鶴 sandhill cranes。

臺。晚上看過極光，我們在費爾班克斯白天閒來無事，找了幾個可玩的地方。阿拉斯加費爾班克斯大學（UAF）早在1917年就成立，是阿拉斯加最古老的大學，學生人數就占了一萬多人（分布在7個校區），是極地科學研究重鎮，其中尤以地球物理和超級電腦最為著名，也隨時提供北極光精準的預測。大學內的北方博物館（Museum of the North），是收藏和研究極地的自然、藝術及文化遺產重鎮，很值得參觀。

去過費爾班克斯的人都應該不會錯過Morris Thompson文化及遊客中心。在遊客中心旁有一座鹿茸拱門，象徵進入北方大地（Far North）的門戶，是由100隻駝鹿和馴鹿的鹿角點綴而成，介紹牌上還特別感謝捐贈鹿角的獵人們！打獵，對阿拉斯加居民來說是很重要的娛樂，也是生活方式之一，我時常看到路牌寫著：「Give moose a break，」便不經意地加上一句：「and then a shoot！」不過，我只是用照相機瞄準，不是用槍！

也許，去趟Creamer's field候鳥保護區也不賴，該保護區有1800英畝（7.3平方公里）那麼大，原本是

聖誕老人之家。

C.Creamer在1927年就開始經營的大牧場，1967年來了一場大洪水，加上競爭不過進口產品，農場關閉後乾脆把地賣給政府，才造就這片美地，每年夏天都有很多沙丘鶴和加拿大雁過來避暑和繁殖。我們在夏天也有來過賞鳥，亦碰巧當地正舉行原住民祭(Pow-Wow)，這段河谷從前是Tanana族的居所，他們是阿拉斯加大陸10個印地安大族之一，但是印地安民族的服飾和打扮好像都差不多，而且都低着頭跳舞，不太喜歡看鏡頭。

North Pole，童話般世界

駕車穿越北極？這不是夢想。1952年有一個新移民家庭：Con和Nellie Miller，決定在費爾班克斯東側13英哩處開設一家雜貨店，有一天，女主人Miller穿了一件紅色外套站在梯子上正在粉刷她的新房子，有鄰居經過和她打招呼叫了一聲：Hi，Santa！靈機一動，Miller就稱這家店叫「聖誕老人之家」Santa Claus House，翌年，Con更跑去州府朱諾把這個地方登記為北極（North Pole），由Con他自己出任市長。

在Con擔任19年市長期間，深得村民認同，鎮上的巷弄皆以聖誕老人為主題，連路燈都建造得像根糖果棒。儘管此北極非彼北極，和真正的北極還差了2700公里遠。

現在，聖誕老人之家不只販售聖誕禮物商品，還代辦一切與聖誕老人有關的業務，其中最受歡迎的是預訂代寄聖誕賀卡和禮品，真是寄自「北極」的喔！當聖誕節將屆，你家的小親友就會收到聖誕老人從北極寄來的聖誕卡或禮物，你可以上northpole.com網站查詢。North Pole現在有2千多居民，每日都生活在如童話般的世界裡，不知羨煞多少人。

路燈像根糖果棒。

DALTON公路，世界十大魔鬼公路

通到北極海的 Dalton 公路名列世界十大魔鬼公路，櫃台服務員建議我們不要冒險前往。我接受了他的建議，出城繼續北上，但不準備在路上過夜！

很多人以費爾班克斯作為阿拉斯加旅遊的終點，其實她是探索阿拉斯加極地的起點；也有很多人以為阿拉斯加一定是冰天雪地，其實在炎炎夏日，連最北端的普魯德霍灣（Prudhoe Bay）白天的氣溫都有10℃左右，只有在10月到4月，阿拉斯加北部才是在零度以下，可是一變冷就很冷，冷到零下四十度以下。又回到9月的行程，離開飯店前我問了一下通往北冰洋的路況，櫃台服務員說：通到Prudhoe Bay油田的戴頓(Dalton)公路要走兩天，艱險難行，此時北地開始下雪，絕大部分的旅客服務都已關閉，建議我們不要冒險前往。我接受了他的建議，出城繼續北上，打算能走多遠算多

雜貨店9月已關閉。

遠，但不準備在路上過夜。

輸油管名字很絕，
叫：TAPS「水龍頭」

在費爾班克斯北方16公里遠的Fox小鎮，是一個大十字路口，有一條Steese公路（Ak-6）支線，也是一條很老的古道（在阿拉斯加100年就算

很老），向東方走260公里可以通到 Circle——當年育空河上第一個發現黃金的地方。沿着 Elliott 公路在更北邊有一個路口進去，向西邊通往一個叫萬利（Manley）的溫泉，不過路途遙遠(250公里)，更多人會去東邊的珍納溫泉看北極光，很多欣賞極光的小木屋都位於這通往珍納的公路上。我們繼續往北走，但在離開 Fox 之前有一個停靠點，別忘了下車親手摸摸這條阿拉斯加輸油管。

出城走了約132公里，才到了 Dalton 公路的起點：「好熱鬧」

Livengood，那以前是一個礦區，有31幢老木屋提供給現在那10幾人居住，她現在是維護公路工人的營地。Dalton 公路（Ak-11）全名是詹姆斯戴頓(James Dalton)公路，全長414哩（666公里，若從費爾班克斯起算到 Prudhoe Bay 就是798公里），長度與加拿大育空特區736公里長的 Dempster 公路相若。Dalton 公路和阿拉斯加輸油管同時建造，完全是為了補給油田和維護油管而存在，現在每日至少都有兩百輛大卡車通過，路權絕對是卡車優先。這一條輸油管，石油公司為它

在 Fox 可以摸摸這條輸油管。

輪油管必需凌空架設。

取的名字也很絕,就叫:TAPS「水龍頭」(The Trans-Alaska Pipeline System)。如果阿拉斯加輪油管是條水龍,綿延1300公里,那麼Prudhoe Bay是它的起源,龍頭在Valdez出海,最大的股東英國石油公司(BP)每日都不用關水龍頭,油錢就源源不絕,滾滾而來。

由於輪油管必須越過四座山脈,經過幾百公里的苔原凍土,原油流過產生熱能會溶化周遭凍土,所以必須凌空架設。輪油管有時爬山、有時落斜,綿延曲折有如萬里長城,遠看非常壯觀。石油公司常誇說這條輪油管採用最先進的科學技術建造,防恐防震防漏,刀槍不入,是真的嗎?的確讓人好奇!

魔鬼公路,名不虛傳

絕大多數租車公司都不允許租車人駛上Dalton公路,因為經常超速駕駛的卡車碾過碎滑礫石,掀起厚

厚的塵土，能見度幾乎為零，捲起的堅硬石粒，很容易打破擋風玻璃並傷害車體；加上路面像月球表面隕石坑一般的坑洞，稍不小心就會弄破輪胎，而路上又沒有加油站或汽車維修服務站；手機是一定沒有訊號的，即使衛星電話，在Brooks山區也打不通；Brooks山區路段天氣很差很容易落石或雪崩，若不幸遇上意外根本無能為力。

在這段限速50英哩的「鬼道」上，根據美國內務部規定：本路段為大卡車優先，小車必須亮起車頭燈，並保持前後車燈清潔好讓別人看見；小車必須靠右行駛而且不能在山坡或橋樑停留；如果你發現野生動物，也必須在一個安全的地方才能把車停下來；最後，越過停靠在路邊的車輛(包括摩托車及自行車)，也一定要將車速慢下來，以防你

的車輪掀起的沙石，可能會傷到或弄髒別人。怎麼樣，很清楚吧！

Dalton公路沿線只有4個服務站：育空河渡口（mile 56）、冷腳（Coldfoot，mile 175）、聰明人（Wiseman，mile 188）和終點站司馬（Deadhorse，mile 414）。其中只有在中途站冷腳和聰明人有簡居可以讓

延綿曲折又如萬里長城。

你過夜，更加令人不寒而慄的是，這4個地方即使在夏天加起來的人口還不到60人。

要上Dalton公路，強烈建議你要有底盤高的4輪驅動車、額外的燃料、食品、輪胎，以及足夠大的行李箱備置修車工具，山區風雲萬變，必須注意天氣預報，而且風險自負。看來這一條不像普通公路，而是更像一條off-road的越野荒路，難怪美國電視歷史頻道《冰路前行》(Ice Road Truckers)評選本路段的油罐車司機為全美最艱苦的工作。

皚皚銀粧裝，極地白色之戀

Dalton公路沿著油管修建，原意只讓卡車通行沒為小車設計，沿途都是崎嶇的無人地帶，艱險難行，特別在初秋小雪之後，非常濕滑，路面坑坑洞洞，又要閃躲卡車，更加危險！儘管我們有過冬天行走同樣通住北極海Dempster碎石公路的經驗，但是Dalton公路路面很破爛，車速緩慢，而且輪胎時常出現打滑情況，我們甚至連北極圈界（mile 115）都到不了，在育空河渡口（mile 56）便「舉白旗投降」被逼回頭！

育空河渡口。

通到油田的戴頓公路要走兩天。 （photo by 馬慧瑛）

入秋後北地轉冷，望著阿拉斯加的母親河──育空（Yukon）河，人們必須在河水11月結冰之前，把過冬物資運去下游河口如諾姆等小村鎮。同樣的疑問：怎麼會有人喜歡過這種凍壞人的生活？極地路途廣闊，他們又怎麼負擔得起高昂的油費呢？

其實，Prudhoe Bay油田(北緯70.28度)是阿拉斯加的經濟命脈，有2、3千人在油田工作，戒備森嚴，任何人都進不去的。你只能開車到離海邊還有10英哩距離的Deadhorse，那裡是一個補給營地，有3家簡陋的旅

館，主要服務在當地工作的油田工人，不一定會有空房。自駕是到不了北極海，你必須在Dead horse參加當地的旅行團坐旅遊巴士進去，是進到北極海的海邊，不是參觀油田，每天有8點半和3點半兩個團，2小時的行程每人69元(另加3元網路預訂費)，在嚴密的保安下團進團出，才能一償宿願。當然，北地的所有服務僅限於暑假那幾個月。

不到極海心不息，我們當然不甘於被擋在油田門外，在夏天的時候有再來過，那時候繁花似錦，在費爾班克斯有很多旅行社和很多旅

戴德霍斯 (Dead-horse)

遊路線，帶你從空中去到北極圈內各個沒有公路連接的神秘境地，也有巴士團帶你深入Dalton。在我們自駕征服Dalton公路的旅程，沿途有很多有趣的地方，和卡車司機在苦中作樂所取的地方名字，例如：手指山（mile 98）、北極圈（mile 115）、0h Shit彎角（mile 126）、「火雞丘」Gobblers Knob（mile 132）、「茴魚」Grayling（mile 150）……；更遠的還有Brooks Range分水嶺——海拔1444公尺和惡名昭彰的Atigun Pass（mile 248）、

Galbraith湖（mile 285）和凹陷河觀景台（mile 348），都是可以下車拍照的地點。這段征服「魔鬼公路」的過程非常精彩，我們另文再作介紹！

雖然遊客都喜歡夏天前來阿拉斯加，那時候是觀看冰川和野生動物的最佳季節，很多服務都正常營運，但我們更愛五彩繽紛讓人陶醉的9月，尤其在初雪之後，因為極地總應該有個極地的樣子，也許，銀白色的冰雪世界才是讓人迷戀！

6 — 4

世界之巔巴羅，愛基斯摩天生獵人

位處北極圈內的巴羅，伊努皮特人除了要適應惡劣天候，還得與陸地上最兇猩的北極熊博鬥，以獵捕海洋上最大的鯨魚維生。

第二年，在費爾班克斯眾多的北極圈旅遊路線中，我們選擇乘坐阿拉斯加航空公司營運的737飛機飛往極北地區(Far North)的巴羅，早上7:40從費爾班克斯出發，飛機途中經過Dalton公路上的Deadhorse，那時候是7月，陰霾籠罩，北冰洋的低氣壓把天空壓得灰茫茫，從機窗往外望去，北冰洋仍然可望而不可即。

夏天的北冰洋。

零下四十或零下六十度，沒有大差別

同班機大概6、70人，絕大部分都在Deadhorse下機，然後又換了另一批人上來，原來他們都是來油田工作，工作三周休息一周，個個都坐擁年薪十萬美元，可是臉上卻擠不出半點笑容，因為工作非常苦悶，每天工作12小時，禁酒又沒有女人，冬天更得忍受零下四十度低溫的淒冷。

飛機穿越苔原地帶，10點半降落巴羅機場。巴羅(Barrow)，是美國最北端的城鎮，沒有陸上公路可達，4千多的人口中有6成是伊努皮特人（Iñupiat），也是世界上最大的伊努

特人（Inuit）城鎮。巴羅自始至今，伊努皮特人都稱它為Ukpeagvik（獵殺雪地貓頭鷹之地），巴羅的名字源於附近的Cape Barrow，是紀念在1825年來到此地勘圖的一位英國海軍軍官——Sir John Barrow。

巴羅處於北極圈內（北緯71°17′44″），離北極點2100公里，每年從11月18日直到1月23日約兩個月，太陽不會昇起，屬於永夜；每當太陽在5月10日升起，它會一直在空中持續85天到8月2日，屬於永晝。一年最溫暖的不結冰期只有6至8月等三個多月，夏天平均高溫不超過10℃；冬天氣溫經常在零下四十度以下，但因地勢平坦，毫無屏障，無情和凜烈的冷風從北方直撲過來，感覺是零下六十度。無論零下四十或零下六十度，都同樣可怕，應該沒有太大差別。

伊努皮特人相信薩滿，
也會蒙古人的摔跤

傳統上，我們習慣稱呼生活在北極圈黑頭髮、黃皮膚的原住民為

營房改建的屋舍。

上）獨特的連身嬰兒背兜：Amauti。
下）伊努皮特婆婆和她的孩孫們。

愛基斯摩人（Eskimo），相信他們在4千年前為了追逐長毛象，從亞洲越過冰封的白令陸橋來到北美，後來被高山和印地安人阻擋，才定居在美洲北冰洋沿岸，以捕鯨和狩獵維生。對於「Eskimo」這個名號，他們頗不以為然，「Eskimo」最初是由印地安Cree族人將之介紹給初到美洲的法國人，意謂「吃生肉的人」，含有歧視的貶損之意。

1977年，他們在巴羅召開了北極圈會議，正式採用「Inuit」（伊努特人，意思是「真正的人」）作為種族的正式名稱，其中還包括生活習慣類似和語言相近的Yupik人。不過，由於地域區別，不同地區的伊努特人都有自己的稱謂，就像印地安種族有不同部族的意思，例如：伊努皮特（Iñupiat，阿拉斯加北部）、Inuvialuit（加拿大西部）、Nunavut（加拿大中北部）、Nunavik（魁北克北部）和Nunatsiavut（拉布拉多），還有Kalaallit（西格陵蘭）、Tunumiit（東格陵蘭）和Inughuit（北格陵蘭）。

至於Yupik人，則分：中央阿拉斯加Yup'ik（阿拉斯加西南岸）、Alutiiq或太平洋海灣Yup'ik（阿留申群島）、Sugpiaq（Kodiak和基奈半島）、西伯利亞Yupik或Yuit（中央西伯利亞）和Naukan（俄羅斯Chukot半

島）。幾年後，加拿大官方即接納了以上那些名稱並將之寫入憲法內，可是美國政府至今仍未同意接受，仍統稱他們為「Eskimo」。

伊努皮特人和蒙古人有幾分相似，尤其他們留存下來的摔跤和舞蹈動作都似曾相識，也相信薩滿Shaman（Angakkuq，薩滿巫師），但是他們會覺得與日本人比較親近，因為日本有他們的遠親──阿伊奴人（Ainu）！他們同樣都愛吃生魚肉。伊努皮特傳統是大家庭制，幾代同堂住在一起，在現今大英語的環境下，年輕的伊努皮特孩子在祖父母的提攜下才有機會學到傳統語言和技藝。

在 Iñupiat 文化中心。

八旬婆婆腕力拗贏年輕女兒。

「搖擺北極熊」

子夜太陽在北方橫橫劃過。

「我們是伊努皮特人，我們是鯨魚獵人！」在這般惡劣的環境下，伊努皮特人除了和環境搏鬥，還要與地球上體型最大的鯨魚拚搏、與極地最兇悍的北極熊較量才能繁衍到今日。自古以來伊努皮特人靠著狩獵和捕魚提供日常食物所需，露脊鯨（bowhead whale）是上天配與伊努皮特人的恩賜，每年的5月下旬至10月初，是伊努皮特人捕鯨魚的季節，春天當速度緩慢的露脊黥游入楚科奇(Chukchi)海，伊努皮特人憑著一艘用海豹皮做成的小艇（名叫umiaqs），幾支魚叉，就能夠將幾十頓重的鯨魚帶回村落。

白鯨 Beluca 也在捕獵名單內。

海邊的鯨骨歡迎牌。

　　伊努皮特人的捕鯨活動是神聖的，每年4月中旬，為期3天的 Piuraagiaqta(祝獵節)慶祝活動為捕鯨季節拉開序幕，預祝出海捕鯨成功，內容包括狗拉雪橇、雪地摩托車比賽、魚叉投擲比賽、遊行、冰雕、拉船和傳統的燒烤。捕鯨從5月海水融冰開始，捕鯨船出航前捕鯨工具要好好清洗，捕鯨人除了穿上全新的捕鯨服，出海前要禁慾和做好精神準備(某種儀式)。當捕鯨船順利達成任務歸來，全村的人合力將鯨魚從海上拉上岸，族長把水潑向鯨魚

鼻子和噴水孔，冀求鯨魚飲水和在下一個春季再來。

　　6月第三個周末(不同的村子在不同的日期)，是巴羅慶祝春季捕鯨順利成功的日子，他們會舉辦 Nalukataq(跳毯節)，用海豹皮做成的蹦床把人扔進空中，比賽看誰能彈跳得最高；族人還會和大家分享用鯨魚肉、鯨魚皮脂和魚鰭製作的佳肴餚，方法包括煮、醃漬或生食。大家可以在跳毯節欣賞到伊努皮特人最傳統的文化內涵。

　　除了露脊鯨之外，抹香鯨(Sperm

whale)和那額隆鼓起可以變形、樣貌俏皮可愛的白鯨魚（Beluca）也是在伊努皮特人捕獵的名單內。可是，露脊鯨和抹香鯨都是瀕危的鯨魚，由於20世紀初全球商業捕鯨毫無節制，嚴重危害到鯨魚的生存，總部設在英國劍橋的國際捕鯨委員會(IWC)於1982年通過全球暫停商業捕鯨活動(日本、挪威和冰島抗拒最激烈)，美國聯邦政府也下令禁止伊努皮特人捕鯨，此舉引起伊努皮特社區嘩然，捕鯨是伊努皮特人與生俱來的生活方式，很多與世隔絕的村落目前仍停留在以物易物的漁獵時代，而且極地太冷種不出蔬菜，全賴從鯨魚皮和海豹內臟攝取充足的不飽和脂肪酸和維生素C替代。政府讓步，同意每年捕鯨數量限額為36隻尾，巴羅每年分到10隻尾配額(包括受傷逃逸的都計算在內)。

七月寒風依然刺骨，看子夜太陽劃過北方天際

我們是在7月和9月來過巴羅，沒有碰上祝獵節和跳毯日，也沒有遇到鯨魚被拉上岸的場面，但發現來巴羅旅行不須要參加當地旅行團，

也不須要租車，因為在那一丁點大的村子，坐計程車是很方便的，市區內單趟6元，跨區14元，每多坐1個人加收1元；包計程車遊覽每小時50元，其他行程另議。當然，幾個人合租一輛車自駕遊還是挺划算的，這是我們各付了899元(未稅，含機票)參加過兩天一夜旅行團之後的經驗。

巴羅不大，沒有太高的樓房，全村大約分成三區，從機場出來所看到的是最古老的南區(Barrow side)，也是巴羅市中心區，市政府、銀行和警察局都集中在這一區。在這區北邊的小山丘上，有一個指向美國不同地區的路牌，和一個威利波士特(Wiley Post)紀念碑。威利波士特是第一個獨自開飛機完成環遊世界的飛行員，1935年他的飛機墜毀在Point Barrow附近，因此在這裡建立了紀念碑。

經過一個潟湖來到稱為Browerville的新城市區，那是巴羅最大的一區。巴羅共有3家旅館，我們住的世界之巔飯店(Top of the World Hotel)就位在城區的西側，她是這裡最有名的旅館，有免費網路可以上網，旁邊有兩間韓國人開的餐館，走路就可

北極黃嘴潛鳥和王絨鴨 King Eider。

以去到巴羅的地標——鯨魚魚骨拱門(Whale Bone Arch)。拱門是用兩根鯨魚魚骨組成,兩旁還各放置了一艘棄置的小艇骨架,構成一個簡單的圖案。雖然是在七月,海上仍漂浮着一塊塊大大小小奶白色未完全融化的碎冰,寒風刺骨,衣著要準備能夠應付零下10度的規格,那晚我們穿上厚衣戴上面罩,半夜在拱門前用多重曝光方式,拍了一張子夜太陽(Midnight Sun)在北方地平線上平平劃過天際的照片。

離旅館不遠的就是伊努皮特歷史文化中心(the Iñupiat Heritage Center),

她於1999年才對大眾開放,裡面有美術館、圖書館、一間傳統手工藝工作室和一間大表演室。在旅行團的行程,其中的愛斯基摩傳統技藝節目就是在這座文化中心舉行,由幾位伊努皮特朋友為我們表演,你看,一位八旬的伊努皮特婆婆腕力拗贏年輕女兒;另外,一群臉蛋圓圓的小朋友正在表演「搖擺北極熊」和「快樂獵鯨人」!難得來到極地,我們對伊努特的事情都很感興趣,包括一支細細長長的魚骨中間掏了一條細縫,原來那是伊努特族人用來保護眼睛的「太陽眼

鏡」、和一位背着弟弟的伊努皮特姐姐向我們展示她的伊努特族人獨特連身嬰兒背兜：Amauti。

北極熊，我們來了！

沿着海邊的史蒂芬遜公路往西北方向走約5公里，是巴羅的第三區，也是最小的一區，當地居民稱為NARL(海軍北極研究實驗室)，但實驗室早就遷走了，留下的營房改作現在伊利薩維克(Ilisagvik)學院的校園，該學院為兩年制的職業專科學校，是唯一被美國政府認可的部落大學（tribal college）。在行政大樓前方海濱，有一塊巨大的歡迎牌區上面寫着：Welcome to Barrow，兩旁也放置着兩根大鯨魚骨，想必是遊客到此一遊的招牌景點。

千辛萬苦來到北極海，享受子夜太陽和泡一下腳趾是你不容錯過的體驗，可是很冷、風非常大，脫下手套泡一下手指可以，脫鞋子泡腳趾那就免了。在海邊，看到一隻

一隻年輕的雪地貓頭鷹。

黃喙的北極黃嘴潛鳥(Yellow-billed Loon)
正目送一隊嘴巴漂亮的王絨鴨(King
Eider)飛過，潛鳥(Loon)是加拿大的國
鳥，並作為一元硬幣的圖案，因此
加拿大的一元銅板又叫：Loonie。但
是我們平常看到的Loon都是黑嘴的，
黃嘴的北極潛鳥倒是第一次見；紅
啄上有橙色面突的王絨鴨是北極大
型的海鴨，很幸運可以見到。

在北極苔原，雪鴞(Snowy Owl)和

北極海，得償宿願！

雪雁(Snow Geese)都是很常見的，牠們
夏天在苔原覓食，冬天飛往南方過
冬。雪鴞公鳥是純白色的，隨着年
齡的增長而愈來愈白，母鴞則帶着
黑色的圓紋，牠們是一夫一妻制，
公鴞捕獵技巧高超，為了及早回
巢待偶，所以不會遷離北地老巢太
遠！我們也拍到幾隻全身雪白的公
鴞，不過距離很遠不若母鴞清晰。

在學校的後方，是美國空軍

的雷達基地，最特別的是平常我們
看到的衛星接收器都是碟面朝上或
斜斜的，這裡可能因為緯度太高，
難得一見天線碟面都是朝水平方向
垂直放置。美國凡事都號稱世界第
一，當然不會吝嗇在巴羅的事物都
冠上世界最北的封號，位在雷達基
地外這根電線杆，就是美國最北的
電線杆。

續往西北的方向走，經過一個
老村落到了路的盡頭，就是美國最
北點——巴羅角(Point Barrow)。這裡
更冷，風更大，海水都沒有完全融
化，那一望無際無止盡的白，讓人
分不清楚天與地、海與陸，站在世
界之巔，終於明白，甚麼是需要，
甚麼是想要！

偷偷的告訴你，想去看北極熊
不一定要去哈德遜灣的邱吉爾，或
者坐小飛機去卡克托維克(Kaktovik，
位於北極海靠近加拿大邊境的「北
極國家野生動物保護區」)。9月在巴
羅也看得到，那時候剛開始飄雪，
大地塗上銀彩，當今年最後一尾鯨魚
被拉上岸，剩下的魚骨就會棄置在城
外，正好給等待出海的北極熊解饞。

個人化特效
內建500種以上豐富特效及範本，打造風格獨具的影片創作。

運動攝影工房
專為運動影片剪輯愛好者量身打造，超強悍動感影音創作功能盡集於一處。

快速專案範本
創作新手必備工具！自由編排文字、特效和轉場，絕妙之作大功告成！

無與倫比 極速效能
搭載全球最速編輯引擎，全面最佳化軟硬體技術，飛快效能遠勝同級產品！

台灣精品
2016

威力導演 14 極致版

 極速效能 最彈性化的影片創作軟體

完美整合專業編輯工具、極速效能及最親切的操作介面，無論你是創作新手或專業人士，皆能輕鬆打造絕佳作品。

 HEVC H.265　Speed Up 64bit　Ultra HD 4K　3D　XAVC S　Windows 10 READY

極速影像處理效能
支援64位元系統、OpenCL技術、16位元高彩以及頂尖相機品牌所提供的RAW檔格式。

全方位編輯工具
強大易用的編輯工具、全新創意圖層和柔焦工具，一手掌握無限張力的攝影巨作。

秒速修容 出色亮眼
內建一系列修容工具，讓你如專業攝影師般，輕鬆移除人臉瑕疵，創作絕佳自拍和團體照。

最多元分享方式
快速分享你的創意之作至熱門社群媒體；也能獨享DirectorZone免費線上資源，創意大無限。

台灣精品
2016

相片大師 6 極致版

 專業級相片編輯及創作軟體

搭載頂尖影像處理技術，提供強大易用的專業編輯工具及直覺的相片管理介面，完整激發你的創意潛能。

Speed Up 64bit　 Mac　 Windows 10 READY　

全省燦坤、三井、順發、PChome及Yahoo等通路及訊連線上商城現正熱賣中。

ACROSS系列 027

帶你玩遍阿拉斯加——
闖入未開發的荒野大地，壯麗風光、自然生態盡收眼底

作　　　者— 烏騰與馬妞
編　　　輯— 王克慶
美 編 設 計— 黃庭祥
董 事 長
　　　　　— 趙政岷
總 經 理
出 版 者— 時報文化出版企業股份有限公司
　　　　　10803　臺北市和平西路3段240號7樓
　　　　　發行專線—（02）23066842
　　　　　讀者服務專線—（0800）231705．（02）23047103
　　　　　讀者服務傳真—（02）23046858
　　　　　郵撥— 19344724　時報文化出版公司
　　　　　信箱— 臺北郵政79～99信箱
時報悅讀網— http://www.readingtimes.com.tw
電子郵件信箱— newlife@readingtimes.com.tw
時報出版愛讀者粉絲團— http://www.facebook.com/readingtimes.2
法 律 顧 問— 理律法律事務所陳長文律師、李念祖律師
印　　　刷— 詠豐印刷有限公司
初 版 一 刷— 2016年05月27日
定　　　價— 新臺幣 350 元

國家圖書館出版品預行編目(CIP)資料

帶你玩遍阿拉斯加—闖入未開發的荒野大地，壯麗風
光、自然生態盡收眼底／烏騰與馬妞 著. -- 初版. -- 臺北
市：時報文化, 2016.05
面；　公分. --（ACROSS；027）

ISBN 978-957-13-6601-2 （平裝）
1.旅遊　2.美國阿拉斯加

752.7809105004794

ISBN：978-957-13-6601-2

Printed in Taiwan